1일 1장
성경 365 필사

1일 1장
성경 365 필사

초판 1쇄 발행 | 2026년 1월 5일

엮은이 | 왕희정 · 김진혁
펴낸이 | 박영욱
펴낸곳 | 북오션

주 소 | 서울시 마포구 월드컵로 14길 62 북오션빌딩
이메일 | bookocean@naver.com
네이버블로그 | blog.naver.com/bookocean_rabbit
페이스북 | facebook.com/bookocean.book
인스타그램1 | instagram.com/bookocean777
인스타그램2 | instagram.com/supr_lady_2008
X | x.com/b00k_0cean
틱톡 | www.tiktok.com/@book_ocean17
유튜브 | 쏠쏠TV · 쏠쏠라이프TV
전 화 | 편집문의: 02-325-9172　영업문의: 02-322-6709
팩 스 | 02-3143-3964

출판신고번호 | 제 2007-000197호

ISBN 978-89-6799-921-6(13230)

1일 1장 성경 365 필사

편저 왕희정·김진혁

북오션

머리말

성경은 당신의 길을 알려 주는 하나님의 지도

성경은 선물, 한글은 은혜, 오직 믿음으로

오늘날 우리는 사회의 종교와 정의가 무너졌고 원칙과 상식이 실종되었다고 걱정한다. 이념·출신·빈부·세대·성별의 갈등 위에 믿음, 심지어 가정에서도 신뢰가 무너졌다. 자기 이익만을 추구하다가 공정의 선이 사라졌으며, 진실과 사랑의 자리를 냉소와 무관심이 대체했다. 지도층의 자기성찰, 종교인의 희생과 양심의 복원이 해결책이 되겠지만, 기대난망이다. '모두가 망해도 나만 괜찮으면 된다'라는 물신주의에 빠져 병들어가고 있다.

주여, 쿼바디스(Quo Vadis, 어디로 가십니까)?

한국은 8백만 성도와 5만 교회를 가진, 세계에서 선교사를 두 번째로 많이 보낸 축복받은 나라이다. 시작은 미약했고 고난 가운데 헤맬지라도 하나님께서 다시 창대하게 하시리라 믿는다. 정의가 물같이, 공의가 마르지 않는 강같이 흐르게 역사하시면서.

성경은 인류 역사상 가장 널리 읽히고 가장 깊은 영향을 미친 인간학의 보고이자 최고의 고전이다. 기독교인에게는 삼위일체, 교회와 그리스도의 본분, 소명과 선한 영향력을 담고 있지만, 일반인에게도 교리를 넘어 인류의 도덕·철학·문화·역사 전통을 집약한 거대한 지적 유산이다.
성경은 하나님의 사랑과 구원, 삼위일체, 죄와 구속의 역사, 교회와 그리스도인의 본분 등을 담고 있는데, 성경 속 예수의 가르침을 한 단어로 요약하면 '사랑'이다.

"하나님이 세상을 이처럼 사랑하사 독생자를 주셨으니 이는 그를 믿는 자마다 멸망하지 않고 영생을 얻게 하려 하심이라."(요한복음 3장 16절)

이 책을 편집한 이유는 첫째, 성경을 학문적으로 연구하거나 공부하기 위함이 아니라, 독자들이 위로를 받고 힘을 얻어가기를 바라기 때문이다.

필자가 길을 잃고 외로웠을 때 성경 말씀으로 이를 해결한 경험을 나누고 싶다. 고난과 권태의 시계추 같은 인생 가운데 성경 말씀은 어둠 속 한 줄기 빛이 되었다.

둘째, 새로운 미디어 시대의 변화 속에서 성경은 지혜의 근본이며, 제자 훈련과 직장선교 전략의 최고 병기가 되기 때문이다. 가나안 성도를 양산하고 애통하게도 신앙을 이탈한 다음 세대가 예수께 돌아오는 길은 '오직 성경'뿐이다.

셋째, K-컬처가 세계를 휩쓸면서, 한국어 열풍이 불고 있기 때문이다. 한글은 24개 부호의 조합으로 목청에서 나오는 대부분의 소리를 표현할 수 있는 우수한 문자이다. 세계적으로 과학적이고 배우기 쉬운 실용적인 문자로 극찬을 받고 있다. 또한 한글은 우리 민족의 문화적 위상과 자부심을 느끼게 한다. 이에 한글의 과학성과 우수성을 성경 필사를 통해 알리고 싶다. 디지털 시대에 가장 적합한 언어, 한글이 UN 제7의 공용어로 채택되길 기대하면서.

넷째, 젊은이들이 한글의 우수성과 창제 정신을 되새겼으면 하기 때문이다. 일상생활에서 아름다운 한글 대신에 단축어, 비속어, 신조어 등이 무분별하게 사용되고 있다. 성경 필사를 통해 청소년 국어 능력이 제고되어 쉽고 바른 우리말 사용이 많아지길 기대한다. 한글은 단순히 의사소통 및 표현 수단을 넘어 국가와 민족의 정체성과 사고방식을 보여주는 거울이다. 시대적

소명인 한글의 세계화에 성경 필사가 한몫했으면 한다. 또 AI와 쇼츠, SNS 등으로 인한 집중력 감퇴 및 행복감 저하, 자존심 약화 등의 현상이 성경 필사로 극복되었으면 한다.

지금은 깨어 기도할 때다.
성경을 통해 영혼 구원과 자신을 성찰하자. 필사를 통해 세계를 이해하고 한글의 우수성을 만방에 퍼뜨리자.

"수고하고 무거운 짐진 자들아 다 내게로 오라 내가 너희를 쉬게 하리라."
(마태복음 11장 28절)

어려운 여건 가운데 출판해 주신 북 오션 박영욱 대표님과 관계자 분들께 감사드린다. 천지를 지으신 여호와, 생사화복을 주관하시는 하나님 앞에 우리 인생의 모든 길을 맡기며 나아가자.

독자 분들의 하시는 모든 일이 축복의 통로가 되길 기도합니다. 감사합니다.

2026. 1. 1. 왕희정, 김진혁

여호와여 주는 나의 하나님이시라
내가 주를 높이고 주의 이름을 찬송하오리니
주는 기사를 옛적에 정하신 뜻대로 성실함과 진실함으로 행하셨음이라
–이사야 25장 1

나더러 주여 주여 하는 자마다 다 천국에 들어갈 것이 아니요
다만 하늘에 계신 내 아버지의 뜻대로 행하는 자라야 들어가리라
–마태복음 7장 21

여호와께서 자기에게 기름 부음 받은 자를 구원하시는 줄
이제 내가 아노니 그의 오른손의 구원하는 힘으로
그의 거룩한 하늘에서 그에게 응답하시리로다
-시편 20편 6

내가 항상 내 하나님께 감사하고 기도할 때에 너를 말함은
주 예수와 및 모든 성도에 대한 네 사랑과 믿음이 있음을 들음이니
이로써 네 믿음의 교제가 우리 가운데 있는 선을 알게 하고
그리스도께 이르도록 역사하느니라
-빌레몬서 1장 4-6

명언

우리는 하나님의 성경이야말로 가장 고상한 철학이라고 생각한다.
이 세상에서 아무리 심오한 역사를 보아도 성경에 나오는 기록만큼 정확성을 가진 것은 없다.

아이작 뉴턴 경(영국 물리학자, 과학자, 수학자)

성경 전체는 하나님의 뜻을 계시하고 있다.

프란시스 베이컨 경(영국 대법관, 철학자)

성경은 세계에서 가장 훌륭한 책이다. 거기에는 온 세계의 도서관보다도 더 많은 내용이 담겨 있다.

미국 대통령 존 애덤스(미국 2대 대통령, 건국의 아버지)

우리는 확신을 가지고 성경이라는 굳건한 반석을 의지한다.

윈스턴 처칠(영국 정치가, 노벨문학상 수상)

성경의 저자는 하나님이요 목적은 인류의 구원이다. 그 내용은 불순물이 섞이지 않은 순수한 진리이다.

존 로크(잉글랜드 철학자, 정치사상가)

성경은 우리에게 가장 나은 삶의 방식이 무엇이고, 가장 고상한 경험이 무엇이며, 가장 편안하게 죽는 방법이 무엇인가를 가르쳐 준다.

존 플라벨(영국 신학자)

성경은 하나님께서 사람에게 주신 가장 좋은 선물이다.

선하신 구주께서 세상에 주시는 모든 복된 말씀은 이 성경을 통하여 알 수 있다. 그리고 인류의 행복을 위하여 필요한 것은 모두 이 성경 속에 기록되어 있는 것이다. 만일 이 성경이 없었다면 우리는 옳고 그른 것을 구별할 수 없었을 것이다.

에이브러햄 링컨(미국 16대 대통령)

성경은 성경 자체가 그 해석자이다. 아니 정확히 말해 성경 안에서 말씀하시는 성령이 그 해석자이다. 금강석을 깎아 낼 수 있는 것은 오직 금강석밖에 없다. 마찬가지로 성경의 유일한 해석자는 성경밖에 없다.

토마스 왓슨(청교도 신학자)

성서 속에 되풀이하여 나오는 신에 응답하는 인간의 이미지는 양심이라는 것이 양친으로부터 부여된 규범 이상의 것임을 인상적으로 표현하고 있는데, 그것은 자신에게 부여된 모든 가능성을 최대한으로 살리려는 인간을 보여준다.

양심은 초월의 목소리이다. 사람은 그 소리를 받아들이지만 그것을 만들어낼 수는 없다.

로버트 레슬리(미국 감리교 목사)

하나님의 말씀을 연구하는 일은 평안을 확보하는 일이다. 한 사람이 성경 말씀대로 살면 백 사람이 그 행위를 본받는다.

D. L. 무디(열정의 복음 전도자)

우리들의 모든 번민의 95퍼센트는 성경을 읽지 않는 데서 생기는 것이다.

빌리 그레이엄(남침례교 목사, 미국 대통령들의 영적 조언자)

수많은 사람들은 성경을 읽기보다는 칭찬하고 있고, 이해하기보다는 읽고 있고, 따르기보다는 이해하고만 있다.

새뮤얼 샌드멜(성서학자)

신구약 성경에서나 위대한 크리스천들의 자서전에서나 교회 역사에서나 또는 신자들의 간증을 통해서나, 성령의 충만함을 받고도 자기가 그 사실을 몰랐다고 하는 예는 하나도 보지 못했다.

A.W.토저(미국 개신교 목사 설교자)

1월

2월

3월

여호와여 주는 나의 하나님이시라
내가 주를 높이고 주의 이름을 찬송하오리니
주는 기사를 옛적에 정하신 뜻대로 성실함과 진실
함으로 행하셨음이라

-이사야 25장 1

1월 1일 … 소망을 가득 품은 첫발

소망의 하나님이 모든 기쁨과 평강을 믿음 안에서 너희에게 충만하게 하사 성령의 능력으로 소망이 넘치게 하시기를 원하노라.

-로마서 15장 13

1월 2일 … 전도의 사명

너희는 온 천하에 다니며 만민에게 복음을 전파하라. 믿고 세례를 받은 사람은 구원을 얻을 것이요 믿지 않는 사람은 정죄를 받으리라. 믿는 자들에게는 이런 표적이 따르리니 곧 그들이 내 이름으로 귀신을 쫓아내며 새 방언을 말하며 뱀을 집어올리며 무슨 독을 마실지라도 해를 받지 아니하며 병든 사람에게 손을 얹은즉 나으리라 하시더라.

-마가복음 16장 15-18

1월 3일 … 나의 사랑하는 책

어려서부터 성경을 알았나니 성경은 능히 너로 하여금 그리스도 예수 안에 있는 믿음으로 말미암아 구원에 이르는 지혜가 있게 하느니라. 모든 성경은 하나님의 감동으로 된 것으로 교훈과 책망과 바르게 함과 의로 교육하기에 유익하니 이는 하나님의 사랑으로 온전하게 하며 모든 선한 일을 행할 능력을 갖추게 하려 함이라.

-디모데후서 3장 15-17

1월 4일 … 천지는 없어져도 주는 영존하시리라

주께서 옛적에 땅의 기초를 놓으셨사오며 하늘도 주의 손으로 지으신 바니이다. 천지는 없어지려니와 주는 영존하시겠고 그것들은 다 옷같이 낡으리니 의복같이 바꾸시면 바뀌려니와 주는 한결같으시고 주의 연대는 무궁하리이다. 주의 종들의 자손은 항상 안전히 거주하고 그의 후손은 주 앞에 굳게 서리이다.

-시편 102편 25-28

1월 5일 … 선한 능력

끝으로 너희가 주 안에서와 그 힘의 능력으로 강건하여지고.

–에베소서 6장 10

1월 6일 … 예수께서 하늘로 올라가다

요한은 물로 세례를 베풀었으나 너희는 몇날이 못되어 성령으로 세례를 받으리라. 그들이 모였을 때에 예수께 여쭈어 이르되 주께서 이스라엘 나라를 회복하심이 이 때이니까 하니 이르시되 때와 시기는 아버지께서 자기의 권한에 두셨으니 너희가 알 바 아니요.

–사도행전 1장 5–7

1월 7일 … 선한 일에 힘쓰라

너는 그들로 하여금 통치자들과 권세 잡은 자들에게 복종하며 순종하며 모든 선한 일 행하기를 준비하게 하며 아무도 비방하지 말며 다투지 말며 관용하며 범사에 온유함을 모든 사람에게 나타낼 것을 기억하게 하라.

–디도서 3장 1–2

1월 8일 … 세월을 아껴라

세월을 아끼라. 때가 악하니라. 그러므로 어리석은 자가 되지 말고 오직 주의 뜻이 무엇인가 이해하라. 술 취하지 말라. 이는 방탕한 것이니 오직 성령으로 충만함을 받으라. 시와 찬송과 신령한 노래들로 서로 화답하여 너희의 마음으로 주께 노래하며 찬송하며, 범사에 우리 주 예수 그리스도의 이름으로 항상 아버지 하나님께 감사하며 그리스도를 경외함으로 피차 복종하라.

-에베소서 5장 16-21

Virgin of Guadalupe(Unknown)

1월 9일 … 보배롭고 존귀한 자

두려워하지 말라. 내가 너를 구속하였고 내가 너를 지명하여 불렀나니 너는 내것이라. 네가 물 가운데로 지날 때에 내가 너와 함께 할 것이라. 강을 건널 때에 물이 너를 침몰하지 못할 것이며 네가 불 가운데로 지날 때에 타지도 아니할 것이요, 불꽃이 너를 사르지도 못하리니. 대저 나는 여호와 네 하나님이요 이스라엘의 거룩한 이요 네 구원자임이라.

–이사야 43장 1–3

1월 10일 … 착한 청지기, 깨어 준비하라

지혜 있고 진실한 청지기가 되어 주인에게 그 집 종들을 맡아 때를 따라 양식을 나누어 줄 자가 누구냐. 주인이 이를 때에 그 종이 그렇게 하는 것을 보면 그 종은 복이 있으리로다. 내가 참으로 너희에게 이르노니 주인이 그 모든 소유를 그에게 맡기리라.

–누가복음 12장 42–44

1월 11일 … 평화의 나라

내 거룩한 산 모든 곳에서 해 됨도 없고 상함도 없을 것이니 이는 물이 바다를 덮음같이 여호와를 아는 지식이 세상에 충만할 것임이니라.

–이사야 11장 9

1월 12일 … 영혼을 깨끗게 하는 구원의 복음

그러므로 모든 육체는 풀과 같고 그 모든 영광은 풀의 꽃과 같으니 풀은 마르고 꽃은 떨어지되, 오직 주의 말씀은 세세토록 있도다 하였으니 너희에게 전한 복음이 곧 이 말씀이니라.

–베드로전서 1장 24–25

1월 13일 … 마음으로 믿어 의에 이르고

네가 만일 네 입으로 예수를 주로 시인하며 또 하나님께서 그를 죽은 자 가운데서 살리신 것을 네 마음에 믿으면 구원을 받으리라. 사람이 마음으로 믿어 의에 이르고 입으로 시인하여 구원에 이르느니라.

–로마서 10장 9–10

1월 14일 … 보물을 하늘에 쌓아라

너희를 위하여 보물을 땅에 쌓아 두지 말라. 오직 너희를 위하여 보물을 하늘에 쌓아 두라 거기는 좀이나 동록이 해하지 못하며 도둑이 구멍을 뚫지도 못하고 도둑질도 못하느니라. 네 보물 있는 그 곳에는 네 마음도 있느니라.

–마태복음 6장 19–21

1월 15일 … 하나님의 긍휼

오호라 너희 모든 목마른 자들아, 물로 나아오라. 돈 없는 자도 오라.
너희는 와서 사 먹되, 돈 없이, 값없이 와서 포도주와 젖을 사라.
너희가 어찌하여 양식이 아닌 것을 위하여 은을 달아 주며, 배부르게 하지 못할 것을 위하여 수고하느냐 내게 듣고 들을지어다.

–이사야 55장 1–2

1월 16일 … 수고하고 무거운 짐 진 자

수고하고 무거운 짐 진 자들아 다 내게로 오라 내가 너희를 쉬게 하리라. 나는 마음이 온유하고 겸손하니 나의 멍에를 메고 내게 배우라 그리하면 너희 마음이 쉼을 얻으리니. 이는 내 멍에는 쉽고 내 짐은 가벼움이라 하시니라.

–마태복음 11장 28–30

Adoration of the Child(Francesco Francia in Bologna)

1월 17일 … 영혼이 잘됨같이 범사에 잘되고 강건하라

사랑하는 자여 네 영혼이 잘됨 같이 네가 범사에 잘되고 강건하기를 내가 간구하노라. 형제들이 와서 네게 있는 진리를 증언하되 네가 진리 안에서 행한다 하니 내가 심히 기뻐하노라.

-요한3서 1장 2-3

1월 18일 … 하나님 형상으로 창조된 인간

하나님이 이르시되 우리의 형상을 따라 우리의 모양대로 우리가 사람을 만들고, 그들로 바다의 물고기와 하늘의 새와 가축과 온 땅과 땅에 기는 모든 것을 다스리게 하자 하시고, 하나님이 자기 형상 곧 하나님의 형상대로 사람을 창조하시되 남자와 여자를 창조하시고, 하나님이 그들에게 복을 주시며 하나님이 그들에게 이르시되 생육하고 번성하여 땅에 충만하라, 땅을 정복하라.

-창세기 1장 26-28

1월 19일 … 성령의 열매

오직 성령의 열매는 사랑과 희락과 화평과 오래 참음과 자비와 양선과 충성과 온유와 절제니 이같은 것을 금지할 법이 없느니라.

-갈라디아서 5장 22-23

1월 20일 … 여호와께 찬양

여호와여 주는 나의 하나님이시라 내가 주를 높이고 주의 이름을 찬송하오리니 주는 기사를 옛적에 정하신 뜻대로 성실함과 진실함으로 행하셨음이라.

-이사야 25장 1

1월 21일 … 마음의 경영

마음의 경영은 사람에게 있어도 말의 응답은 여호와께로부터 나오느니라. 사람의 행위가 자기 보기에는 모두 깨끗하여도 여호와는 심령을 감찰하시느니라.너의 행사를 여호와께 맡기라 그리하면 네가 경영하는 것이 이루어지리라.

–잠언 16장 1–3

1월 22일 … 복음을 전파하다

하나님의 아들 예수 그리스도의 복음의 시작이라. 선지자 이사야의 글에 보라 내가 내 사자를 네 앞에 보내노니 그가 네 길을 준비하리라. 광야에 외치는 자의 소리가 있어 이르되 너희는 주의 길을 준비하라 그의 오실 길을 곧게 하라.

–마가복음 1장 1–3

1월 23일 … 하나님의 나라는 너희 안에

하나님의 나라는 볼 수 있게 임하는 것이 아니요, 또 여기 있다 저기 있다고도 못하리니 하나님의 나라는 너희 안에 있느니라.

-누가복음 17장 20-21

1월 24일 … 여호와께서 아브람에게 이르시다

여호와께서 아브람에게 이르시되 너는 너의 고향과 친척과 아버지의 집을 떠나 내가 네게 보여 줄 땅으로 가라. 내가 너로 큰 민족을 이루고 네게 복을 주어 네 이름을 창대하게 하리니 너는 복이 될지라. 너를 축복하는 자에게는 내가 복을 내리고 너를 저주하는 자에게는 내가 저주하리니 땅의 모든 족속이 너로 말미암아 복을 얻을 것이라 하신지라.

-창세기 12장 1-3

1월 25일 … 다니엘의 용기와 보호

다니엘은 뜻을 정하여 왕의 음식과 그가 마시는 포도주로 자기를 더럽히지 아니하리라 하고 자기를 더럽히지 아니하도록 환관장에게 구하니, 하나님이 다니엘로 하여금 환관장에게 은혜와 긍휼을 얻게 하신지라.

–다니엘서 1장 8–9

1월 26일 … 귀신들린 사람을 고치시다

그들이 가버나움에 들어가니라. 예수께서 곧 안식일에 회당에 들어가 가르치시매 뭇 사람이 그의 교훈에 놀라니 이는 그가 가르치시는 것이 권위 있는 자와 같고 서기관들과 같지 아니함일러라. 마침 그들의 회당에 더러운 귀신 들린 사람이 있어 소리 질러 이르되 나사렛 예수여 우리가 당신과 무슨 상관이 있나이까 우리를 멸하러 왔나이까, 나는 당신이 누구인 줄 아노니 하나님의 거룩한 자니이다.

–마가복음 1장 21–24

1월 27일 … 순종과 축복

너는 마음을 다하여 여호와를 신뢰하고 네 명철을 의지하지 말라. 너는 범사에 그를 인정하라, 그리하면 네 길을 지도하시리라.

–잠언 3장 5–6

1월 28일 … 다 하나님의 영광을 위하여

모든 것이 가하나 모든 것이 유익한 것은 아니요, 모든 것이 가하나 모든 것이 덕을 세우는 것은 아니니, 누구든지 자기의 유익을 구하지 말고 남의 유익을 구하라.

–고린도전서 10장 23–24

1월 29일 … 안식년의 참된 정신

너희는 내가 너희에게 주는 땅에 들어간 후에 그 땅으로 여호와 앞에 안식하게 하라. 너는 육 년 동안 그 밭에 파종하며 육 년 동안 그 포도원을 가꾸어 그 소출을 거둘 것이나 일곱째 해에는 그 땅이 쉬어 안식하게 할지니 여호와께 대한 안식이라.

–레위기 25장 2–4

1월 30일 … 말씀은 들음과 행함에서

너희가 알지니 사람마다 듣기는 속히 하고 말하기는 더디 하며 성내기도 더디 하라. 사람이 성내는 것이 하나님의 의를 이루지 못함이라.

–야고보서 1장 19–20

1월 31일 … 예레미야의 기도

여호와 나의 힘, 나의 요새, 환난날의 피난처시여, 민족들이 땅 끝에서 주께 이르러 말하기를 우리 조상들의 계승한 바는 허망하고 거짓되고 무익한 것뿐이라, 사람이 어찌 신 아닌 것을 자기의 신으로 삼겠나이까 하리이다. 여호와께서 이르시되 보라 이번에 그들에게 내 손과 내 능력을 알려서 그들로 내 이름이 여호와인 줄 알게 하리라.

–예레미야 16장 19–21

2월 1일 … 주의 말씀을 마음판에 새겨라

청년이 무엇으로 그의 행실을 깨끗하게 하리이까, 주의 말씀만 지킬 따름이니이다. 내가 전심으로 주를 찾았사오니 주의 계명에서 떠나지 말게 하소서. 내가 주께 범죄하지 아니하려 하여 주의 말씀을 내 마음에 두었나이다.

–시편 119편 9–11

2월 2일 …모세의 후계자 여호수아

모세가 여호와께서 자기에게 명령하신 대로 하여 여호수아를 데려다가 제사장 엘르아살과 온 회중 앞에 세우고, 그에게 안수하여 위탁하되 여호와께서 모세에게 명령하신 대로 하였더라.

–민수기 27장 22–23

2월 3일 … 살아 운동하는 말씀

하나님의 말씀은 살아 있고 활력이 있어 좌우에 날선 어떤 검보다도 예리하여 혼과 영과 및 관절과 골수를 찔러 쪼개기까지 하며 또 마음의 생각과 뜻을 판단하나니, 지으신 것이 하나도 그 앞에 나타나지 않음이 없고, 우리의 결산을 받으실 이의 눈 앞에 만물이 벌거벗은 것 같이 드러나느니라.

-히브리서 4장 12-13

2월 4일 … 내일 일은 난 몰라요

그런즉 너희는 먼저 그의 나라와 그의 의를 구하라. 그리하면 이 모든 것을 너희에게 더하시리라. 그러므로 내일 일을 위하여 염려하지 말라. 내일 일은 내일이 염려할 것이요, 한 날의 괴로움은 그날로 족하니라.

-마태복음 6장 33-34

2월 5일 … 희망의 말씀

여호와의 영광이 나타나고 모든 육체가 그것을 함께 보리라. 이는 여호와의 입이 말씀하셨느니라. 말하는 자의 소리여 이르되 외치라 대답하되 내가 무엇이라 외치리이까 하니 이르되 모든 육체는 풀이요 그의 모든 아름다움은 들의 꽃과 같으니 풀은 마르고 꽃이 시듦은 여호와의 기운이 그 위에 붊이라.

–이사야 40장 5–7

Adoration in the Forest(Filippo Lippi)

2월 6일 … 내 입술의 파수꾼을 세우시고

여호와여 내가 주를 불렀사오니 속히 내게 오시옵소서. 내가 주께 부르짖을 때에 내 음성에 귀를 기울이소서. 나의 기도가 주의 앞에 분향함과 같이 되며 나의 손 드는 것이 저녁 제사같이 되게 하소서. 여호와여 내 입에 파수꾼을 세우시고 내 입술의 문을 지키소서. 마음이 악한 일에 기울어 죄악을 행하는 자들과 함께 악을 행하지 말게 하시며 그들의 진수성찬을 먹지 말게 하소서.

–시편 141편 1–4

2월 7일 … 피곤한 자에게 능력을

너는 알지 못하였느냐 듣지 못하였느냐 영원하신 하나님 여호와, 땅끝까지 창조하신 이는 피곤하지 않으시며 곤비하지 않으시며 명철이 한이 없으시며, 피곤한 자에게는 능력을 주시며 무능한 자에게는 힘을 더하시나니. 소년이라도 피곤하며 곤비하며 장정이라도 넘어지며 쓰러지되 오직 여호와를 앙망하는 자는 새 힘을 얻으리니 독수리가 날개 치며 올라감 같을 것이요 달음박질하여도 곤비하지 아니하겠고 걸어가도 피곤하지 아니하리로다.

–이사야 40장 28–31

2월 8일 … 그리스도를 본받는 자

내가 그리스도를 본받는 자가 된 것같이 너희는 나를 본받는 자가 되라. 너희가 모든 일에 나를 기억하고 또 내가 너희에게 전하여 준 대로 그 전통을 너희가 지키므로 너희를 칭찬하노라. 그러나 나는 너희가 알기를 원하노니 각 남자의 머리는 그리스도요 여자의 머리는 남자요 그리스도의 머리는 하나님이시라.

-고린도전서 11장 1-3

2월 9일 … 온전한 그리스도인

내가 항상 내 하나님께 감사하고 기도할 때에 너를 말함은 주 예수와 및 모든 성도에 대한 네 사랑과 믿음이 있음을 들음이니, 이로써 네 믿음의 교제가 우리 가운데 있는 선을 알게 하고 그리스도께 이르도록 역사하느니라. 형제여 성도들의 마음이 너로 말미암아 평안함을 얻었으니 내가 너의 사랑으로 많은 기쁨과 위로를 받았노라.

-빌레몬서 1장 4-7

2월 10일 … 여호와를 찾으라

너희는 여호와를 만날 만한 때에 찾으라. 가까이 계실 때에 그를 부르라. 악인은 그의 길을 불의한 자는 그의 생각을 버리고 여호와께 돌아오라. 그리하면 그가 긍휼히 여기시리라. 우리 하나님께로 돌아오라. 그가 너그럽게 용서하시리라. 이는 내 생각이 너희의 생각과 다르며 내 길은 너희의 길과 다름이니라. 여호와의 말씀이니라. 이는 하늘이 땅보다 높음같이 내 길은 너희의 길보다 높으며 내 생각은 너희의 생각보다 높음이니라.

–이사야 55장 6–9

2월 11일 … 빚을 면제해 복 받으라

매 칠 년 끝에는 면제하라. 면제의 규례는 이러하니라. 그의 이웃에게 꾸어준 모든 채주는 그것을 면제하고 그의 이웃에게나 그 형제에게 독촉하지 말지니 이는 여호와를 위하여 면제를 선포하였음이라. 이방인에게는 네가 독촉하려니와 네 형제에게 꾸어준 것은 네 손에서 면제하라. 네가 만일 네 하나님 여호와의 말씀만 듣고 내가 오늘 네게 내리는 그 명령을 다 지켜 행하면 네 하나님 여호와께서 네게 기업으로 주신 땅에서 네가 반드시 복을 받으리니 너희 중에 가난한 자가 없으리라.

–신명기 15장 1–5

2월 12일 … 사람의 불순종과 심판

또 여자에게 이르시되 내가 네게 임신하는 고통을 크게 더하리니 네가 수고하고 자식을 낳을 것이며 너는 남편을 원하고 남편은 너를 다스릴 것이니라 하시고, 아담에게 이르시되 네가 네 아내의 말을 듣고 내가 네게 먹지 말라 한 나무의 열매를 먹었은즉 땅은 너로 말미암아 저주를 받고 너는 네 평생에 수고하여야 그 소산을 먹으리라. 땅이 네게 가시덤불과 엉겅퀴를 낼 것이라.

–창세기 3장 16–18

2월 13일 … 믿음과 오래 참음의 본

우리가 간절히 원하는 것은 너희 각 사람이 동일한 부지런함을 나타내어 끝까지 소망의 풍성함에 이르러, 게으르지 아니하고 믿음과 오래 참음으로 말미암아 약속들을 기업으로 받는 자들을 본받는 자 되게 하려는 것이니라.

–히브리서 6장 11–12

2월 14일 … 알파와 오메가

나는 알파와 오메가요 처음과 마지막이요 시작과 마침이라.

–요한계시록 22장 13

2월 15일 … 지혜와 명철

지혜를 얻는 것이 금을 얻는 것보다 얼마나 나은고 명철을 얻는 것이 은을 얻는 것보다 더욱 나으니라. 악을 떠나는 것은 정직한 사람의 대로이니 자기의 길을 지키는 자는 자기의 영혼을 보전하느니라.

–잠언 16장 16–17

2월 16일 … 우상 숭배를 책망하시다

나팔을 네 입에 댈지어다. 대적이 독수리처럼 여호와의 집에 덮치리니 이는 무리가 내 언약을 어기며 내 율법을 범함이로다.

–호세아 8장 1

2월 17일 … 욕심이 잉태한즉 죄를 낳고

욕심이 잉태한즉 죄를 낳고 죄가 장성한즉 사망을 낳느니라. 내 사랑하는 형제들아 속지 말라. 온갖 좋은 은사와 온전한 선물이 다 위로부터 빛들의 아버지께로부터 내려오나니 그는 변함도 없으시고 회전하는 그림자도 없으시니라. 그가 그 피조물 중에 우리로 한 첫 열매가 되게 하시려고 자기의 뜻을 따라 진리의 말씀으로 우리를 낳으셨느니라.

–야고보서 1장 15-18

Christ Carrying the Cross(El Greco)

2월 18일 … 백성이 행한 악

내 백성이 두 가지 악을 행하였나니, 곧 그들이 생수의 근원 되는 나를 버린 것과 스스로 웅덩이를 판 것인데, 그것은 그 물을 가두지 못할 터진 웅덩이들이니라.

–예레미야 2장 13

2월 19일 … 교만은 패망의 선봉

교만은 패망의 선봉이요 거만한 마음은 넘어짐의 앞잡이니라.
겸손한 자와 함께 하여 마음을 낮추는 것이 교만한 자와 함께 하여 탈취물을 나누는 것보다 나으니라.

–잠언 16장 18–19

2월 20일 … 예수 그리스도의 좋은 병사

미쁘다 이 말이여 우리가 주와 함께 죽었으면 또한 함께 살 것이요, 참으면 또한 함께 왕 노릇 할 것이요, 우리가 주를 부인하면 주도 우리를 부인하실 것이라. 우리는 미쁨이 없을지라도 주는 항상 미쁘시니 자기를 부인하실 수 없으시리라.

-디모데후서 2장 11-13

2월 21일 … 여호와는 구원은 뿔

내 영혼이 내 속에서 피곤할 때에 내가 여호와를 생각하였더니 내 기도가 주께 이르렀사오며 주의 성전에 미쳤나이다. 거짓되고 헛된 것을 숭상하는 모든 자는 자기에게 베푸신 은혜를 버렸사오나, 나는 감사하는 목소리로 주께 제사를 드리며 나의 서원을 주께 갚겠나이다. 구원은 여호와께 속하였나이다 하니라. 여호와께서 그 물고기에게 말씀하시매 요나를 육지에 토하니라.

-요나 2장 7-10

2월 22일 … 느헤미아 눈물의 기도

주여 구하오니 귀를 기울이사 종의 기도와 주의 이름을 경외하기를 기뻐하는 종들의 기도를 들으시고, 오늘 종이 형통하여 이 사람 앞에서 은혜를 입게 하옵소서 하였나니 그 때에 내가 왕의 술 관원이 되었느니라.

-느헤미야 1장 11

2월 23일 … 바울의 고별 설교

보라, 이제 나는 성령에 매여 예루살렘으로 가는데 거기서 무슨 일을 당할는지 알지 못하노라. 오직 성령이 각 성에서 내게 증언하여 결박과 환난이 나를 기다린다 하시나, 내가 달려갈 길과 주 예수께 받은 사명 곧 하나님의 은혜의 복음을 증언하는 일을 마치려 함에는 나의 생명조차 조금도 귀한 것으로 여기지 아니하노라.

-사도행전 20장 22-24

2월 24일 … 자녀는 여호와의 상급

보라, 자식들은 여호와의 기업이요 태의 열매는 그의 상급이로다. 젊은 자의 자식은 장사의 수중의 화살 같으니 이것이 그의 화살통에 가득한 자는 복되도다. 그들이 성문에서 그들의 원수와 담판할 때에 수치를 당하지 아니하리로다.

-시편 127편 3-5

Christ Crucified(Diego Velazquez)

2월 25일 … 나 여호와가 응답하리라

섬들아 내 앞에 잠잠하라. 민족들아 힘을 새롭게 하라. 가까이 나아오라. 그리고 말하라. 우리가 서로 재판 자리에 가까이 나아가자. 누가 동방에서 사람을 일깨워서 공의로 그를 불러 자기 발 앞에 이르게 하였느냐, 열국을 그의 앞에 넘겨주며 그가 왕들을 다스리게 하되 그들이 그의 칼에 티끌 같게, 그의 활에 불리는 초개 같게 하매 그가 그들을 쫓아가서 그의 발로 가 보지 못한 길을 안전히 지났나니 이 일을 누가 행하였느냐 누가 이루었느냐 누가 태초부터 만대를 불러내었느냐. 나 여호와라 처음에도 나요 나중 있을 자에게도 내가 곧 그니라.

–이사야 41장 1–4

2월 26일 … 감사로 제사를 드리다

환난 날에 나를 부르라. 내가 너를 건지리니 네가 나를 영화롭게 하리로다.

–시편 50편 15

2월 27일 … 정직한 자의 성실

속이는 저울은 여호와께서 미워하시나 공평한 추는 그가 기뻐하시느니라. 교만이 오면 욕도 오거니와 겸손한 자에게는 지혜가 있느니라. 정직한 자의 성실은 자기를 인도하거니와 사악한 자의 패역은 자기를 망하게 하느니라.

–잠언 11장 1–3

2월 28일 … 스데반의 순교

그들이 돌로 스데반을 치니 스데반이 부르짖어 이르되 주 예수여 내 영혼을 받으시옵소서 하고, 무릎을 꿇고 크게 불러 이르되 주여 이 죄를 그들에게 돌리지 마옵소서 이 말을 하고 자니라.

–사도행전 7장 59–60

3월 1일 … 후손에게 영원한 복

내가 네게 명령하는 이 모든 말을 너는 듣고 지키라. 네 하나님 여호와의 목전에 선과 의를 행하면 너와 네 후손에게 영구히 복이 있으리라.

-신명기 12장 28

3월 2일 … 내 길을 정하사 주의 율례를 지키기

행위가 온전하여 여호와의 율법을 따라 행하는 자들은 복이 있음이여, 여호와의 증거들을 지키고 전심으로 여호와를 구하는 자는 복이 있도다. 참으로 그들은 불의를 행하지 아니하고 주의 도를 행하는도다. 주께서 명령하사 주의 법도를 잘 지키게 하셨나이다. 내 길을 굳게 정하사 주의 율례를 지키게 하소서. 내가 주의 모든 계명에 주의할 때에는 부끄럽지 아니하리이다. 내가 주의 의로운 판단을 배울 때에는 정직한 마음으로 주께 감사하리이다. 내가 주의 율례들을 지키오리니 나를 아주 버리지 마옵소서.

-시편 119편 1-8

3월 3일 … 모세를 부르시다

하나님이 이르시되 내가 반드시 너와 함께 있으리라. 네가 그 백성을 애굽에서 인도하여 낸 후에 너희가 이 산에서 하나님을 섬기리니 이것이 내가 너를 보낸 증거니라.

–출애굽기 3장 12

3월 4일 … 아무것도 염려하지 마라

주 안에서 항상 기뻐하라. 내가 다시 말하노니 기뻐하라. 너희 관용을 모든 사람에게 알게 하라. 주께서 가까우시니라. 아무 것도 염려하지 말고 다만 모든 일에 기도와 간구로, 너희 구할 것을 감사함으로 하나님께 아뢰라.

–빌립보서 4장 4–6

3월 5일 … 겟세마네에서 기도하시는 예수

내 아버지여 만일 할 만하시거든 이 잔을 내게서 지나가게 하옵소서. 그러나 나의 원대로 마시옵고 아버지의 원대로 하옵소서.

–마태복음 26장 39

3월 6일 … 기도하는 집

예수께서 성전에 들어가사 성전 안에서 매매하는 모든 사람들을 내쫓으시며 돈 바꾸는 사람들의 상과 비둘기 파는 사람들의 의자를 둘러엎으시고, 그들에게 이르시되 기록된 바 내 집은 기도하는 집이라.

-마태복음 21장 12-13

3월 7일 … 야베스의 기도

야베스는 그의 형제보다 귀중한 자라 그의 어머니가 이름하여 이르되 야베스라 하였으니 이는 내가 수고로이 낳았다 함이었더라. 야베스가 이스라엘 하나님께 아뢰어 이르되 주께서 내게 복을 주시려거든 나의 지역을 넓히시고 주의 손으로 나를 도우사 나로 환난을 벗어나 내게 근심이 없게 하옵소서 하였더니 하나님이 그가 구하는 것을 허락하셨더라.

-역대상 4장 9-10

3월 8일 … 다윗의 시

주의 권능의 날에 주의 백성이 거룩한 옷을 입고 즐거이 헌신하니 새벽 이슬 같은 주의 청년들이 주께 나오는도다. 여호와는 맹세하고 변하지 아니하시리라.

–시편 110편 3–4

3월 9일 … 그리스도의 겸손

너희 안에 이 마음을 품으라. 곧 그리스도 예수의 마음이니, 그는 근본 하나님의 본체시나 하나님과 동등됨을 취할 것으로 여기지 아니하시고.

–빌립보서 2장 5–6

3월 10일 … 지혜와 명철을 얻으라

아들들아 아비의 훈계를 들으며 명철을 얻기에 주의하라. 내가 선한 도리를 너희에게 전하노니 내 법을 떠나지 말라. 나도 내 아버지에게 아들이었으며 내 어머니 보기에 유약한 외아들이었노라. 아버지가 내게 가르쳐 이르기를 내 말을 네 마음에 두라 내 명령을 지키라. 그리하면 살리라. 지혜를 얻으며 명철을 얻으라. 내 입의 말을 잊지 말며 어기지 말라. 지혜를 버리지 말라. 그가 너를 보호하리라. 그를 사랑하라. 그가 너를 지키리라. 지혜가 제일이니 지혜를 얻으라 네가 얻은 모든 것을 가지고 명철을 얻을지니라. 그를 높이라. 그리하면 그가 너를 높이 들리라. 만일 그를 품으면 그가 너를 영화롭게 하리라. 그가 아름다운 관을 네 머리에 두겠고 영화로운 면류관을 네게 주리라 하셨느니라.

–잠언 4장 1–9

3월 11일 …영원히 목마르지 않는 물

예수께서 대답하여 이르시되 이 물을 마시는 자마다 다시 목마르려니와 내가 주는 물을 마시는 자는 영원히 목마르지 아니하리니 내가 주는 물은 그 속에서 영생하도록 솟아나는 샘물이 되리라.

–요한복음 4장 13–14

3월 12일 … 영과 진리의 예배

너희는 알지 못하는 것을 예배하고 우리는 아는 것을 예배하노니 이는 구원이 유대인에게서 남이라. 아버지께 참되게 예배하는 자들은 영과 진리로 예배할 때가 오나니 곧 이 때라 아버지께서는 자기에게 이렇게 예배하는 자들을 찾으시느니라. 하나님은 영이시니 예배하는 자가 영과 진리로 예배할지니라.

-요한복음 4장 22-24

Christ in the Wilderness(Ivan Kranskoi)

3월 13일 … 미래의 왕 메시아

보라, 때가 이르리니 내가 다윗에게 한 의로운 가지를 일으킬 것이라. 그가 왕이 되어 지혜롭게 다스리며 세상에서 정의와 공의를 행할 것이며 그의 날에 유다는 구원을 받겠고 이스라엘은 평안히 살 것이며 그의 이름은 여호와 우리의 공의라 일컬음을 받으리라. 그러므로 여호와의 말씀이니라. 보라, 날이 이르리니 그들이 다시는 이스라엘 자손을 애굽 땅에서 인도하여 내신 여호와의 사심으로 맹세하지 아니하고 이스라엘 집 자손을 북쪽 땅, 그 모든 쫓겨났던 나라에서 인도하여 내신 여호와의 사심으로 맹세할 것이며 그들이 자기 땅에 살리라 하시니라.

-예레미야 23장 5-8

3월 14일 … 두드리면 열릴 것이니

구하라 그리하면 너희에게 주실 것이요, 찾으라 그리하면 찾아낼 것이요, 문을 두드리라 그리하면 너희에게 열릴 것이니.

-마태복음 7장 7

3월 15일 … 사람이 누구 관대

그러므로 우리는 들은 것에 더욱 유념함으로 우리가 흘러 떠내려가지 않도록 함이 마땅하니라. 천사들을 통하여 하신 말씀이 견고하게 되어 모든 범죄함과 순종하지 아니함이 공정한 보응을 받았거든 우리가 이같이 큰 구원을 등한히 여기면 어찌 그 보응을 피하리요. 이 구원은 처음에 주로 말씀하신 바요. 들은 자들이 우리에게 확증한 바니 하나님도 표적들과 기사들과 여러 가지 능력과 및 자기의 뜻을 따라 성령이 나누어 주신 것으로써 그들과 함께 증언하셨느니라.

–히브리서 2장 1–4

3월 16일 … 너는 내 백성이라

여호와께서 이르시되 그 날에 내가 응답하리라. 나는 하늘에 응답하고 하늘은 땅에 응답하고 땅은 곡식과 포도주와 기름에 응답하고 또 이것들은 이스르엘에 응답하리라. 내가 나를 위하여 그를 이 땅에 심고 긍휼히 여김을 받지 못하였던 자를 긍휼히 여기며 내 백성 아니었던 자에게 향하여 이르기를 너는 내 백성이라 하리니 그들은 이르기를 주는 내 하나님이시라 하리라 하시니라.

–호세아 2장 21–23

3월 17일 … 하나님의 양 무리를 치라

너희 염려를 다 주께 맡기라. 이는 그가 너희를 돌보심이라. 근신하라, 깨어라. 너희 대적 마귀가 우는 사자 같이 두루 다니며 삼킬 자를 찾나니 너희는 믿음을 굳건하게 하여 그를 대적하라. 이는 세상에 있는 너희 형제들도 동일한 고난을 당하는 줄을 앎이라. 모든 은혜의 하나님 곧 그리스도 안에서 너희를 부르사 자기의 영원한 영광에 들어가게 하신 이가 잠깐 고난을 당한 너희를 친히 온전하게 하시며 굳건하게 하시며 강하게 하시며 터를 견고하게 하시리라. 권능이 세세무궁하도록 그에게 있을지어다. 아멘.

–베드로전서 5장 7–11

3월 18일 … 은혜가 족하다

나에게 이르시기를 내 은혜가 네게 족하도다. 이는 내 능력이 약한 데서 온전하여짐이라 하신지라, 그러므로 도리어 크게 기뻐함으로 나의 여러 약한 것들에 대하여 자랑하리니 이는 그리스도의 능력이 내게 머물게 하려 함이라.

–마태복음 6장 33–34

3월 19일 … 네 입을 크게 열라

나는 너를 애굽 땅에서 인도하여 낸 여호와 네 하나님이니 네 입을 크게 열라. 내가 채우리라.

–시편 81편 10

3월 20일 … 과부와 재판장 비유

하나님께서 그 밤낮 부르짖는 택하신 자들의 원한을 풀어 주지 아니하시겠느냐. 그들에게 오래 참으시겠느냐. 내가 너희에게 이르노니 속히 그 원한을 풀어 주시리라.

–누가복음 18장 7–8

3월 21일 … 외모가 아닌 중심을 바라보라

내가 보는 것은 사람과 같지 아니하니 사람은 외모를 보거니와 나 여호와는 중심을 보느니라.

–사무엘상 16장 7

3월 22일 … 구하는 이마다 받을 것이요

구하라 그리하면 너희에게 주실 것이요, 찾으라 그리하면 찾아낼 것이요, 문을 두드리라 그리하면 너희에게 열릴 것이니, 구하는 이마다 받을 것이요 찾는 이는 찾아낼 것이요 두드리는 이에게는 열릴 것이니라. 너희 중에 누가 아들이 떡을 달라 하는데 돌을 주며 생선을 달라 하는데 뱀을 줄 사람이 있겠느냐. 너희가 악한 자라도 좋은 것으로 자식에게 줄 줄 알거든 하물며 하늘에 계신 너희 아버지께서 구하는 자에게 좋은 것으로 주시지 않겠느냐. 그러므로 무엇이든지 남에게 대접을 받고자 하는 대로 너희도 남을 대접하라. 이것이 율법이요 선지자니라.

-마태복음 7장 7-12

Christ of Saint John of the Cross(Salvador Dali)

3월 23일 … 구하라 찾아라, 문을 두드리라

좁은 문으로 들어가라. 멸망으로 인도하는 문은 크고 그 길이 넓어 그리로 들어가는 자가 많고
생명으로 인도하는 문은 좁고 길이 협착하여 찾는 자가 적음이라.

-마태복음 7장 13-14

3월 24일 … 주는 나의 피난처

주는 나의 피난처시오, 살아 있는 사람들의 땅에서 나의 분깃이시라 하였나이다. 나의 부르짖음을 들으소서 나는 심히 비천하니이다. 나를 핍박하는 자들에게서 나를 건지소서. 그들은 나보다 강하니이다. 내 영혼을 옥에서 이끌어 내사 주의 이름을 감사하게 하소서.

-시편 142편 5-7

3월 25일 … 은밀히 기도하라

너는 기도할 때에 네 골방에 들어가 문을 닫고 은밀한 중에 계신 네 아버지께 기도하라. 은밀한 중에 보시는 네 아버지께서 갚으시리라.

-마태복음 6장 6

3월 26일 … 뱀 같은 지혜, 비둘기 같은 순결

보라, 내가 너희를 보냄이 양을 이리 가운데로 보냄과 같도다. 그러므로 너희는 뱀같이 지혜롭고 비둘기같이 순결하라.

-마태복음 10장 16

3월 27일 … 오순절 성령이 임하시다

오순절 날이 이미 이르매 그들이 다같이 한 곳에 모였더니, 홀연히 하늘로부터 급하고 강한 바람 같은 소리가 있어 그들이 앉은 온 집에 가득하며, 마치 불의 혀처럼 갈라지는 것들이 그들에게 보여 각 사람 위에 하나씩 임하여 있더니, 그들이 다 성령의 충만함을 받고 성령이 말하게 하심을 따라 다른 언어들로 말하기를 시작하니라.

–사도행전 2장 1-4

3월 28일 … 금보다 귀한 믿음

믿음은 바라는 것들의 실상이요 보이지 않는 것들의 증거니.

–히브리서 11장 1

3월 29일 … 새로운 피조물

그런즉 누구든지 그리스도 안에 있으면 새로운 피조물이라, 이전 것은 지나갔으니 보라, 새 것이 되었도다.

–고린도후서 5장 17

3월 30일 … 이스라엘의 배역

그들이 그들의 길을 굽게 하며 자기 하나님 여호와를 잊어버렸음이로다. 배역한 자식들아 돌아오라. 내가 너희의 배역함을 고치리라 하시니라.

–예레미아 3장 21–22

3월 31일 … 산 소망

너희 믿음의 확실함은 불로 연단하여도 없어질 금보다 더 귀하여 예수 그리스도께서 나타나실 때에 칭찬과 영광과 존귀를 얻게 할 것이니라.

– 베드로전서 1장 7

4월

5월

6월

나더러 주여 주여 하는 자마다 다 천국에 들어갈 것이 아니요 다만 하늘에 계신 내 아버지의 뜻대로 행하는 자라야 들어가리라

-마태복음 7장 21

HOLY
BIBLE

Christ Pantocrator(Unknown)

4월 1일 … 좁은 문

좁은 문으로 들어가기를 힘쓰라. 내가 너희에게 이르노니 들어가기를 구하여도 못하는 자가 많으리라.

-누가복음 13장 24

4월 2일 … 항상 기뻐하라, 쉬지 말고 기도하라

항상 기뻐하라. 쉬지 말고 기도하라. 범사에 감사하라. 이것이 그리스도 예수 안에서 너희를 향하신 하나님의 뜻이니라.

-데살로니가전서 5장 16-18

4월 3일 … 선하시고 인자하심이 영원함이라

할렐루야 여호와께 감사하라. 그는 선하시며 그 인자하심이 영원함이로다. 누가 능히 여호와의 권능을 다 말하며 주께서 받으실 찬양을 다 선포하랴. 정의를 지키는 자들과 항상 공의를 행하는 자는 복이 있도다. 여호와여, 주의 백성에게 베푸시는 은혜로 나를 기억하시며 주의 구원으로 나를 돌보사 내가 주의 택하신 자가 형통함을 보고 주의 나라의 기쁨을 나누어 가지게 하사 주의 유산을 자랑하게 하소서.

-시편 106편 1-5

4월 4일 … 사망을 딛고 일어서기

사망아, 너의 승리가 어디 있느냐. 사망아, 네가 쏘는 것이 어디 있느냐 .사망이 쏘는 것은 죄요, 죄의 권능은 율법이라. 우리 주 예수 그리스도로 말미암아 우리에게 승리를 주시는 하나님께 감사하노니. 그러므로 내 사랑하는 형제들아, 견실하며 흔들리지 말고 항상 주의 일에 더욱 힘쓰는 자들이 되라. 이는 너희 수고가 주 안에서 헛되지 않은 줄 앎이라.

-고린도전서 15장 55-58

4월 5일 … 부하게도 가난하게도 말게

곧 헛된 것과 거짓말을 내게서 멀리 하옵시며 나를 가난하게도 마옵시고 부하게도 마옵시고 오직 필요한 양식으로 나를 먹이시옵소서.

–잠언 30장 8

4월 6일 … 순종이 제사보다 낫다

순종이 제사보다 낫고 듣는 것이 숫양의 기름보다 나으니.

–사무엘상 15장 22

4월 7일 … 구원의 약속, 너는 내 것이라

두려워하지 말라. 내가 너와 함께 하여 네 자손을 동쪽에서부터 오게 하며, 서쪽에서부터 너를 모을 것이며, 내가 북쪽에게 이르기를 내놓으라 남쪽에게 이르기를 가두어 두지 말라. 내 아들들을 먼 곳에서 이끌며 내 딸들을 땅 끝에서 오게 하며 내 이름으로 불려지는 모든 자 곧 내가 내 영광을 위하여 창조한 자를 오게 하라. 그를 내가 지었고 그를 내가 만들었느니라.

–이사야 43장 5–7

4월 8일 … 부자 관리

예수께서 그를 보시고 이르시되 재물이 있는 자는 하나님의 나라에 들어가기가 얼마나 어려운지. 낙타가 바늘귀로 들어가는 것이 부자가 하나님의 나라에 들어가는 것보다 쉬우니라 하시니, 듣는 자들이 이르되 그런즉 누가 구원을 얻을 수 있나이까. 이르시되 무릇 사람이 할 수 없는 것을 하나님은 하실 수 있느니라. 베드로가 여짜오되 보옵소서 우리가 우리의 것을 다 버리고 주를 따랐나이다. 이르시되 내가 진실로 너희에게 이르노니 하나님의 나라를 위하여 집이나 아내나 형제나 부모나 자녀를 버린 자는. 현세에 여러 배를 받고 내세에 영생을 받지 못할 자가 없느니라 하시니라.

-누가복음 18장 24-30

4월 9일 … 외식하는 자

무엇이든지 밖에서 사람에게로 들어가는 것은 능히 사람을 더럽게 하지 못하되 사람 안에서 나오는 것이 사람을 더럽게 하는 것이니라.

–마가복음 7장 15–16

4월 10일 … 노아의 번제

노아가 여호와께 제단을 쌓고 모든 정결한 짐승과 모든 정결한 새 중에서 제물을 취하여 번제로 제단에 드렸더니, 여호와께서 그 향기를 받으시고 그 중심에 이르시되 내가 다시는 사람으로 말미암아 땅을 저주하지 아니하리니 이는 사람의 마음이 계획하는 바가 어려서부터 악함이라, 내가 전에 행한 것 같이 모든 생물을 다시 멸하지 아니하리니, 땅이 있을 동안에는 심음과 거둠과 추위와 더위와 여름과 겨울과 낮과 밤이 쉬지 아니하리라.

–창세기 8장 20–22

4월 11일 … 의인은 믿음으로 살리라

내가 복음을 부끄러워하지 아니하노니 이 복음은 모든 믿는 자에게 구원을 주시는 하나님의 능력이 됨이라. 먼저는 유대인에게요 그리고 헬라인에게로다. 복음에는 하나님의 의가 나타나서 믿음으로 믿음에 이르게 하나니 기록된 바 오직 의인은 믿음으로 말미암아 살리라 함과 같으니라.

-로마서 1장 16-17

4월 12일 … 천국에 들어가고 싶다면

나더러 주여 주여 하는 자마다 다 천국에 들어갈 것이 아니요. 다만 하늘에 계신 내 아버지의 뜻대로 행하는 자라야 들어가리라.

-마태복음 7장 21

4월 13일 … 욥의 고백

주께서는 못 하실 일이 없사오며 무슨 계획이든지 못 이루실 것이 없는 줄 아오니 .

-욥기 42장 2

Ecce Homo(Antonio Ciseri)

4월 14일 … 공의(公儀)

성읍에서 나팔이 울리는데 백성이 어찌 두려워하지 아니하겠으며 여호와의 행하심이 없는데 재앙이 어찌 성읍에 임하겠느냐. 주 여호와께서는 자기의 비밀을 그 종 선지자들에게 보이지 아니하시고는 결코 행하심이 없으시리라.

-아모스 3장 6-7

4월 15일 … 느헤미아가 성벽을 봉헌하다

예루살렘 성벽을 봉헌하게 되니 각처에서 레위 사람들을 찾아 예루살렘으로 데려다가, 감사하며 노래하며 제금을 치며 비파와 수금을 타며 즐거이 봉헌식을 행하려 하매.

-느헤미아 12장 27

4월 16일 … 예수 그리스도의 좋은 병사

내 아들아 그러므로 너는 그리스도 예수 안에 있는 은혜 가운데서 강하고 또 네가 많은 증인 앞에서 내게 들은 바를 충성된 사람들에게 부탁하라. 그들이 또 다른 사람들을 가르칠 수 있으리라. 너는 그리스도 예수의 좋은 병사로 나와 함께 고난을 받으라. 병사로 복무하는 자는 자기 생활에 얽매이는 자가 하나도 없나니 이는 병사로 모집한 자를 기쁘게 하려 함이라. 경기하는 자가 법대로 경기하지 아니하면 승리자의 관을 얻지 못할 것이며. 수고하는 농부가 곡식을 먼저 받는 것이 마땅하니라. 내가 말하는 것을 생각해 보라, 주께서 범사에 네게 총명을 주시리라. 내가 전한 복음대로 다윗의 씨로 죽은 자 가운데서 다시 살아나신 예수 그리스도를 기억하라.

– 디모데후서 2장 1-8

4월 17일 … 오직 하나님의 은혜

내가 나 된 것은 하나님의 은혜로 된 것이니 내게 주신 그의 은혜가 헛되지 아니하여 내가 모든 사도보다 더 많이 수고하였으나 내가 한 것이 아니요, 오직 나와 함께 하신 하나님의 은혜로라. 그러므로 나나 그들이나 이같이 전파하매 너희도 이같이 믿었느니라.

–고린도전서 15장 10–11

4월 18일 … 살아도 주를 위해 죽어도 주를 위해

우리가 살아도 주를 위하여 살고 죽어도 주를 위하여 죽나니 그러므로 사나 죽으나 우리가 주의 것이로다.

–로마서 14장 8

4월 19일 … 새 계명

새 계명을 너희에게 주노니 서로 사랑하라. 내가 너희를 사랑한 것같이 너희도 서로 사랑하라. 너희가 서로 사랑하면 이로써 모든 사람이 너희가 내 제자인 줄 알리라.

–요한복음 13장 34–35

4월 20일 … 영적 분별력

우리가 세상의 영을 받지 아니하고 오직 하나님으로부터 온 영을 받았으니, 이는 우리로 하여금 하나님께서 우리에게 은혜로 주신 것들을 알게 하려 하심이라.

-고린도전서 2장 12

4월 21일 … 여호와를 송축함이여

내가 여호와를 항상 송축함이여 내 입술로 항상 주를 찬양하리이다. 내 영혼이 여호와를 자랑하리니 곤고한 자들이 이를 듣고 기뻐하리로다.

시편 34편 1-2

4월 22일 … 이 세대를 본받지 말라

너희 몸을 하나님이 기뻐하시는 거룩한 산 제물로 드리라. 이는 너희가 드릴 영적 예배니라. 너희는 이 세대를 본받지 말고 오직 마음을 새롭게 함으로 변화를 받아 하나님의 선하시고 기뻐하시고 온전하신 뜻이 무엇인지 분별하도록 하라.

로마서 12장 1-2

4월 23일 … 그리스도의 일꾼

사람이 마땅히 우리를 그리스도의 일꾼이요 하나님의 비밀을 맡은 자로 여길지어다. 그리고 맡은 자들에게 구할 것은 충성이니라.

–고린도전서 4장 1–2

4월 24일 … 이스라엘에게 징계를 선언하시다

너희의 큰 악으로 말미암아 벧엘이 이같이 너희에게 행하리니 이스라엘 왕이 새벽에 정녕 망하리로다.

–호세아 10장 15

4월 25일 … 하나님이 주시는 안식

함께 하늘의 부르심을 받은 거룩한 형제들아, 우리가 믿는 도리의 사도이시며 대제사장이신 예수를 깊이 생각하라.

–히브리서 3장 1

4월 26일 … 가난한 성도를 섬기는 연보

각각 그 마음에 정한 대로 할 것이요 인색함으로나 억지로 하지 말지니 하나님은 즐겨 내는 자를 사랑하시느니라.

-고린도후서 9장 7

4월 27일 … 복이 있는 사람

심령이 가난한 자는 복이 있나니 천국이 그들의 것임이요. 애통하는 자는 복이 있나니 그들이 위로를 받을 것임이요. 온유한 자는 복이 있나니 그들이 땅을 기업으로 받을 것임이요. 의에 주리고 목마른 자는 복이 있나니 그들이 배부를 것임이요. 긍휼히 여기는 자는 복이 있나니 그들이 긍휼히 여김을 받을 것임이요. 마음이 청결한 자는 복이 있나니 그들이 하나님을 볼 것임이요. 화평하게 하는 자는 복이 있나니 그들이 하나님의 아들이라 일컬음을 받을 것임이요. 의를 위하여 박해를 받은 자는 복이 있나니 천국이 그들의 것임이라.

-마태복음 5장 3-10

4월 28일 … 생명과 성령의 법

육신의 생각은 사망이요 영의 생각은 생명과 평안이니라.

–로마서 8장 6

4월 29일 … 네 눈 속에 있는 들보

외식하는 자여 먼저 네 눈 속에서 들보를 빼라. 그 후에야 네가 밝히 보고 형제의 눈 속에 있는 티를 빼리라. 못된 열매 맺는 좋은 나무가 없고 또 좋은 열매 맺는 못된 나무가 없느니라.

–누가복음 6장 42–43

4월 30일 … 측량줄을 잡은 사람

여호와의 말씀에 시온의 딸아 노래하고 기뻐하라. 이는 내가 와서 네 가운데에 머물 것임이라. 그 날에 많은 나라가 여호와께 속하여 내 백성이 될 것이요.

–스가랴 2장 10–11

5월 1일 … 가장 큰 계명

네 마음을 다하고 목숨을 다하고 뜻을 다하고 힘을 다하여, 주 너의 하나님을 사랑하라 하신 것이요.

-마가복음 12장 30

5월 2일 … 사랑이 없으면 아무런 유익도

사랑은 오래 참고 사랑은 온유하며 시기하지 아니하며 사랑은 자랑하지 아니하며 교만하지 아니하며, 무례히 행하지 아니하며 자기의 유익을 구하지 아니하며 성내지 아니하며 악한 것을 생각하지 아니하며, 불의를 기뻐하지 아니하며 진리와 함께 기뻐하고, 모든 것을 참으며 모든 것을 믿으며 모든 것을 바라며 모든 것을 견디느니라.

-고린도전서 13장 4-7

Head of Christ(Rembrandt)

5월 3일 … 하나님은 사랑이시다

사랑하는 자들아 우리가 서로 사랑하자 사랑은 하나님께 속한 것이니 사랑하는 자마다 하나님으로부터 나서 하나님을 알고, 사랑하지 아니하는 자는 하나님을 알지 못하나니 이는 하나님은 사랑이심이라. 하나님이 자기의 독생자를 세상에 보내심은 그로 말미암아 우리를 살리려 하심이라.

-요한1서 4장 7-9

5월 4일 … 진정한 사랑

그가 모든 사람을 대신하여 죽으심은 살아 있는 자들로 하여금 다시는 그들 자신을 위하여 살지 않고 오직 그들을 대신하여 죽었다가 다시 살아나신 이를 위하여 살게 하려 함이라.

–고린도후서 5장 15

5월 5일 … 주는 것이 받는 것보다 낫다

범사에 여러분에게 모본을 보여준 바와 같이 수고하여 약한 사람들을 돕고, 또 주 예수께서 친히 말씀하신 바 주는 것이 받는 것보다 복이 있다.

–사도행전 20장 35

5월 6일 … 내 집은 여호와를 섬기리라

이제는 여호와를 경외하며 온전함과 진실함으로 그를 섬기라. 너희가 섬길 자를 오늘 택하라, 오직 나와 내 집은 여호와를 섬기겠노라.

–여호수아 24장 14–15

5월 7일 … 위로의 말씀

내 백성이여 내게 주의하라 내 나라여 내게 귀를 기울이라. 이는 율법이 내게서부터 나갈 것임이라 내가 내 공의를 만민의 빛으로 세우리라. 내 공의가 가깝고 내 구원이 나갔은즉, 내 팔이 만민을 심판하리니 섬들이 나를 앙망하여 내 팔에 의지하리라.

–이사야 51장 4–5

5월 8일 … 네 부모를 공경하라

자녀들아 주 안에서 너희 부모에게 순종하라 이것이 옳으니라. 네 아버지와 어머니를 공경하라 이것은 약속이 있는 첫 계명이니. 이로써 네가 잘되고 땅에서 장수하리라. 또 아비들아 너희 자녀를 노엽게 하지 말고 오직 주의 교훈과 훈계로 양육하라.

–에베소서 6장 1–4

5월 9일 … 사랑은 하나님께 속한 것

어느 때나 하나님을 본 사람이 없으되 만일 우리가 서로 사랑하면 하나님이 우리 안에 거하시고 그의 사랑이 우리 안에 온전히 이루어지느니라.

-요한1서 4장 12

5월 10일 … 요나가 여호와를 피하여 달아나다

요나가 물고기 뱃속에서 그의 하나님 여호와께 기도하여 이르되, 내가 받는 고난으로 말미암아 여호와께 불러 아뢰었더니 주께서 내게 대답하셨고 내가 스올의 뱃속에서 부르짖었더니 주께서 내 음성을 들으셨나이다. 주께서 나를 깊음 속 바다 가운데에 던지셨으므로 큰물이 나를 둘렀고, 주의 파도와 큰 물결이 다 내 위에 넘쳤나이다. 내가 말하기를 내가 주의 목전에서 쫓겨났을지라도 다시 주의 성전을 바라보겠다 하였나이다. 물이 나를 영혼까지 둘렀사오며 깊음이 나를 에워싸고 바다 풀이 내 머리를 감쌌나이다. 내가 산의 뿌리까지 내려갔사오며 땅이 그 빗장으로 나를 오래도록 막았사오나 나의 하나님 여호와여 주께서 내 생명을 구덩이에서 건지셨나이다.

-요나 2장 1-6

5월 11일 … 손 대접에 힘쓰라

사랑에는 거짓이 없나니 악을 미워하고 선에 속하라. 형제를 사랑하여 서로 우애하고 존경하기를 서로 먼저 하며, 부지런하여 게으르지 말고 열심을 품고 주를 섬기라. 소망 중에 즐거워하며 환난 중에 참으며 기도에 항상 힘쓰며 성도들의 쓸 것을 공급하며 손 대접하기를 힘쓰라.

-로마서 12장 9-13

5월 12일 … 주의 날이 도둑같이 오리라

사랑하는 자들아 주께는 하루가 천 년 같고 천 년이 하루 같다는 이 한 가지를 잊지 말라. 주의 약속은 어떤 이들이 더디다고 생각하는 것 같이 더딘 것이 아니라, 오직 주께서는 너희를 대하여 오래 참으사 아무도 멸망하지 아니하고 다 회개하기에 이르기를 원하시느니라.

-베드로후서 3장 8-9

5월 13일 … 합력하여 선을 이루라

우리가 알거니와 하나님을 사랑하는 자 곧 그의 뜻대로 부르심을 입은 자들에게는 모든 것이 합력하여 선을 이루느니라.

-로마서 8장 28

5월 14일 … 충성된 청지기

지극히 작은 것에 충성된 자는 큰 것에도 충성되고 지극히 작은 것에 불의한 자는 큰 것에도 불의하니라. 너희가 만일 불의한 재물에도 충성하지 아니하면 누가 참된 것으로 너희에게 맡기겠느냐. 너희가 만일 남의 것에 충성하지 아니하면 누가 너희의 것을 너희에게 주겠느냐. 집 하인이 두 주인을 섬길 수 없나니 혹 이를 미워하고 저를 사랑하거나, 혹 이를 중히 여기고 저를 경히 여길 것임이니라. 너희는 하나님과 재물을 겸하여 섬길 수 없느니라.

-누가복음 16장 10-13

Ia Orana Maria(Paul Gaugin)

5월 15일 … 사람의 본분

하나님을 경외하고 그의 명령들을 지킬지어다. 이것이 모든 사람의 본분이니라. 하나님은 모든 행위와 모든 은밀한 일을 선악 간에 심판하시리라.

-전도서 12장 13-14

5월 16일 … 순수한 사랑

내 마음으로 사랑하는 자야, 네가 양 치는 곳과 정오에 쉬게 하는 곳을 내게 말하라.

–아가 1장 7

5월 17일 … 산 소망

우리 주 예수 그리스도의 아버지 하나님을 찬송하리로다 그의 많으신 긍휼대로, 예수 그리스도를 죽은 자 가운데서 부활하게 하심으로 말미암아 우리를 거듭나게 하사 산 소망이 있게 하시며.

–베드로전서 1장 3

5월 18일 … 공의를 정오의 빛같이 하시리라

네 길을 여호와께 맡기라. 그를 의지하면 그가 이루시고, 네 의를 빛 같이 나타내시며 네 공의를 정오의 빛 같이 하시리로다.

–시편 37편 5-6

5월 19일 … 여호와는 나의 빛, 나의 구원

여호와는 나의 빛이요 나의 구원이시니 내가 누구를 두려워하리요. 여호와는 내 생명의 능력이시니 내가 누구를 무서워하리요.

–시편 27편 1

5월 20일 … 가브리엘의 환상 설명

다니엘아 내가 이제 네게 지혜와 총명을 주려고 왔느니라. 곧 네가 기도를 시작할 즈음에 명령이 내렸으므로 이제 네게 알리러 왔느니라 너는 크게 은총을 입은 자라 그런즉, 너는 이 일을 생각하고 그 환상을 깨달을지니라.

–다니엘 9장 22-23

5월 21일 … 영원한 나라에 들어감

너희가 더욱 힘써 너희 믿음에 덕을, 덕에 지식을, 지식에 절제를, 절제에 인내를, 인내에 경건을, 경건에 형제 우애를, 형제 우애에 사랑을 더하라.

-베드로후서 1장 5-7

5월 22일 … 만물의 때가 가까이 왔으니

만물의 마지막이 가까이 왔으니 그러므로 너희는 정신을 차리고 근신하여 기도하라. 무엇보다도 뜨겁게 서로 사랑할지니 사랑은 허다한 죄를 덮느니라.

-베드로전서 4장 7-8

L'Innocence(William-Adolphe Bouguereau)

5월 23일 … 의롭다 하심

우리가 믿음으로 의롭다 하심을 받았으니, 우리 주 예수 그리스도로 말미암아 하나님과 화평을 누리자. 또한 그로 말미암아 우리가 믿음으로 서 있는 이 은혜에 들어감을 얻었으며 하나님의 영광을 바라고 즐거워하느니라.

-로마서 5장 1-2

5월 24일 … 그리스도 향기

항상 우리를 그리스도 안에서 이기게 하시고 우리로 말미암아 각처에서 그리스도를 아는 냄새를 나타내시는 하나님께 감사하노라. 우리는 구원 받는 자들에게나 망하는 자들에게나 하나님 앞에서 그리스도의 향기니.

-고린도후서 2장 14-15

5월 25일 … 죄악을 회개하오니 우슬초로

하나님이여, 내 속에 정한 마음을 창조하시고 내 안에 정직한 영을 새롭게 하소서. 나를 주 앞에서 쫓아내지 마시며 주의 성령을 내게서 거두지 마소서. 주의 구원의 즐거움을 내게 회복시켜 주시고 자원하는 심령을 주사 나를 붙드소서.

-시편 51편 10-12

5월 26일 … 지혜가 제일

지혜를 버리지 말라. 그가 너를 보호하리라. 그를 사랑하라. 그가 너를 지키리라. 지혜가 제일이니 지혜를 얻으라. 네가 얻은 모든 것을 가지고 명철을 얻을지니라.

-잠언 4장 6-7

5월 27일 … 증인이 되리라

그리스도가 고난을 받고 제삼일에 죽은 자 가운데서 살아날 것과, 또 그의 이름으로 죄 사함을 받게 하는 회개가 예루살렘에서 시작하여 모든 족속에게 전파될 것이 기록되었으니, 너희는 이 모든 일의 증인이라.

-누가복음 24장 46-48

5월 28일 … 한 마음으로 기도

하나님의 권능과 뜻대로 이루려고 예정하신 그것을 행하려고 이 성에 모였나이다. 주여 이제도 그들의 위협함을 굽어보시옵고 또 종들로 하여금 담대히 하나님의 말씀을 전하게 하여 주시오며. 손을 내밀어 병을 낫게 하시옵고 표적과 기사가 거룩한 종 예수의 이름으로 이루어지게 하옵소서.

-사도행전 4장 28-30

5월 29일 … 진정 사랑한다면

나의 계명을 지키는 자라야 나를 사랑하는 자니, 나를 사랑하는 자는 내 아버지에게 사랑을 받을 것이요, 나도 그를 사랑하여 그에게 나를 나타내리라.

-요한복음 14장 21

5월 30일 … 사랑은 율법의 완성

피차 사랑의 빚 외에는 아무에게든지 아무 빚도 지지 말라. 남을 사랑하는 자는 율법을 다 이루었느니라. 간음하지 말라, 살인하지 말라, 도둑질하지 말라, 탐내지 말라 한 것과 그 외에 다른 계명이 있을지라도 네 이웃을 네 자신과 같이 사랑하라 하신 그 말씀 가운데 다 들었느니라. 사랑은 이웃에게 악을 행하지 아니하나니 그러므로 사랑은 율법의 완성이니라.

–로마서 13장 8–10

5월 31일 … 겉사람과 속사람

그러므로 우리가 낙심하지 아니하노니 우리의 겉사람은 낡아지나 우리의 속사람은 날로 새로워지도다. 우리가 잠시 받는 환난의 경한 것이 지극히 크고 영원한 영광의 중한 것을 우리에게 이루게 함이니. 우리가 주목하는 것은 보이는 것이 아니요, 보이지 않는 것이니 보이는 것은 잠깐이요 보이지 않는 것은 영원함이라.

–고린도후서 4장 16–18

6월 1일 … 마귀를 대적하는 방패

우리의 씨름은 혈과 육을 상대하는 것이 아니요 통치자들과 권세들과 이 어둠의 세상 주관자들과 하늘에 있는 악의 영들을 상대함이라. 그러므로 하나님의 전신 갑주를 취하라.

–에베소서 6장 12–13

6월 2일 … 말의 실수가 없도록 하라

혀는 곧 불이요 불의의 세계라 혀는 우리 지체 중에서 온 몸을 더럽히고 삶의 수레바퀴를 불사르나니, 그 사르는 것이 지옥 불에서 나느니라.

–야고보서 3장 6

Madonna and Child Enthroned with Saints John the Baptist and Augustine(Giovanni Permeniate)

6월 3일 … 물 댄 동산

여호와가 너를 항상 인도하여 메마른 곳에서도 네 영혼을 만족하게 하며, 네 뼈를 견고하게 하리니 너는 물 댄 동산 같겠고 물이 끊어지지 아니하는 샘 같을 것이라.

–이사야 58장 11

6월 4일 … 허탄한 생각을 경고하다

내일 일을 너희가 알지 못하는도다 너희 생명이 무엇이냐. 너희는 잠깐 보이다가 없어지는 안개니라.

–야고보서 4장 14

6월 5일 … 주신 일을 영화롭게 하라

아버지께서 아들에게 주신 모든 사람에게 영생을 주게 하시려고 만민을 다스리는 권세를 아들에게 주셨음이로소이다. 영생은 곧 유일하신 참 하나님과 그가 보내신 자 예수 그리스도를 아는 것이니이다.

–요한복음 17장 2-3

6월 6일 … 에스더, 죽으면 죽으리라

당신은 가서 수산에 있는 유다인을 다 모으고 나를 위하여 금식하되 밤낮 삼 일을 먹지도 말고 마시지도 마소서. 나도 나의 시녀와 더불어 이렇게 금식한 후에 규례를 어기고 왕에게 나아가리니 죽으면 죽으리이다.

–에스더 4장 16

6월 7일 … 지배층의 타락과 죄악을 비난하다

오직 나는 여호와의 영으로 말미암아 능력과 정의와 용기로 충만해져서 야곱의 허물과 이스라엘의 죄를 그들에게 보이리라.

–미가 3장 8

6월 8일 … 나 여호와가 응답하리라

두려워하지 말라 내가 너와 함께 함이라 놀라지 말라. 나는 네 하나님이 됨이라. 내가 너를 굳세게 하리라 참으로 너를 도와 주리라 참으로 나의 의로운 오른손으로 너를 붙들리라.

–이사야 41장 10

6월 9일 … 나의 도움이 어디서 올꼬

내가 산을 향하여 눈을 들리라 나의 도움이 어디서 올까. 나의 도움은 천지를 지으신 여호와에게서로다. 여호와께서 너를 실족하지 아니하게 하시며, 너를 지키시는 이가 졸지 아니하시리로다. 이스라엘을 지키시는 이는 졸지도 아니하시고 주무시지도 아니하시리로다. 여호와는 너를 지키시는 이시라 여호와께서 네 오른쪽에서 네 그늘이 되시나니.

–시편 121편 1–5

6월 10일 … 우리의 시민권은 하늘에

우리의 시민권은 하늘에 있는지라 거기로부터 구원하는 자 곧 주 예수 그리스도를 기다리노니. 그는 만물을 자기에게 복종하게 하실 수 있는 자의 역사로 우리의 낮은 몸을 자기 영광의 몸의 형체와 같이 변하게 하시리라.

–빌립보서 3장 20–21

6월 11일 … 스데반이 잡히다

공회 중에 앉은 사람들이 다 스데반을 주목하여 보니 그 얼굴이 천사의 얼굴과 같더라.

-사도행전 6장 15

6월 12일 … 선을 위한 고난

선한 양심을 가지라. 이는 그리스도 안에 있는 너희의 선행을 욕하는 자들로 그 비방하는 일에 부끄러움을 당하게 하려 함이라. 선을 행함으로 고난 받는 것이 하나님의 뜻일진대 악을 행함으로 고난 받는 것보다 나으니라.

-베드로전서 3장 16-17

6월 13일 … 항상 기도하며 깨어 있으라

너희는 스스로 조심하라. 그렇지 않으면 방탕함과 술취함과 생활의 염려로 마음이 둔하여지고, 뜻밖에 그 날이 덫과 같이 너희에게 임하리라.

–누가복음 21장 34

6월 14일 … 구원의 아름다운 소식

주 여호와의 영이 내게 내리셨으니 이는 여호와께서 내게 기름을 부으사, 가난한 자에게 아름다운 소식을 전하게 하려 하심이라. 나를 보내사 마음이 상한 자를 고치며 포로된 자에게 자유를, 갇힌 자에게 놓임을 선포하며.

–이사야 61장 1

Christ and the Woman taken in Adultery(Gabriel Metsu)

6월 15일 … 하나님께 소망을 두라

내 영혼아 네가 어찌하여 낙심하며 어찌하여 내 속에서 불안해 하는가. 너는 하나님께 소망을 두라, 나는 그가 나타나 도우심으로 말미암아 내 하나님을 여전히 찬송하리로다.

–시편 42편 11

6월 16일 … 즐거움으로 찬송

온 땅이여 여호와께 즐거운 찬송을 부를지어다. 기쁨으로 여호와를 섬기며 노래하면서 그의 앞에 나아갈지어다. 여호와가 우리 하나님이신 줄 너희는 알지어다. 그는 우리를 지으신 이요, 우리는 그의 것이니 그의 백성이요.

-시편 100편 1-3

6월 17일 … 하나님의 영광과 찬송이 되리라

너희로 지극히 선한 것을 분별하며 또 진실하여 허물 없이 그리스도의 날까지 이르고, 예수 그리스도로 말미암아 의의 열매가 가득하여 하나님의 영광과 찬송이 되기를 원하노라.

-빌립보서 1장 10-11

6월 18일 … 여호와는 나의분깃

여호와는 나의 분깃이시니 나는 주의 말씀을 지키리라 하였나이다. 내가 전심으로 주께 간구하였사오니 주의 말씀대로 내게 은혜를 베푸소서.

-시편 119편 57-58

6월 19일 … 선한 싸움 마치고 믿음을 지키기

나는 선한 싸움을 싸우고 나의 달려갈 길을 마치고 믿음을 지켰으니.

-디모데후서 4장 7

Madonna del Prato(Raphael)

6월 20일 … 십계명

네 부모를 공경하라, 그리하면 네 하나님 여호와가 네게 준 땅에서 네 생명이 길고 복을 누리리라. 살인하지 말지니라. 간음하지 말지니라. 도둑질 하지 말지니라. 네 이웃에 대하여 거짓 증거하지 말지니라. 네 이웃의 아내를 탐내지 말지니라. 네 이웃의 집이나, 그의 밭이나, 그의 남종이나, 그의 여종이나, 그의 소나, 그의 나귀나 네 이웃의 모든 소유를 탐내지 말지니라.

–신명기 5장 16–21

6월 21일 … 모든 일에 때가 있다

하나님이 모든 것을 지으시되 때를 따라 아름답게 하셨고, 또 사람들에게는 영원을 사모하는 마음을 주셨느니라. 그러나 하나님이 하시는 일의 시종을 사람으로 측량할 수 없게 하셨도다. 사람들이 사는 동안에 기뻐하며 선을 행하는 것보다 더 나은 것이 없는 줄을 내가 알았고.

-전도서 3장 11-12

6월 22일… 택하신 족속이요 왕 같은 제사장

그러나 너희는 택하신 족속이요, 왕 같은 제사장들이요, 거룩한 나라요, 그의 소유가 된 백성이니.

-베드로전서 2장 9

6월 23일 … 믿는 사람이 모든 물건을 통용하다

믿는 사람이 다 함께 있어 모든 물건을 서로 통용하고, 또 재산과 소유를 팔아 각 사람의 필요를 따라 나눠 주며.

-사도행전 2장 44-45

6월 24일 … 지혜가 아닌 성령으로 분별하라

오직 하나님이 성령으로 이것을 우리에게 보이셨으니, 성령은 모든 것 곧 하나님의 깊은 것까지도 통달하시느니라. 사람의 일을 사람의 속에 있는 영 외에 누가 알리요. 이와 같이 하나님의 일도 하나님의 영 외에는 아무도 알지 못하느니라.

-고린도전서 2장 10-11

6월 25일 … 구원의 때

밤이 깊고 낮이 가까웠으니 그러므로 우리가 어둠의 일을 벗고 빛의 갑옷을 입자. 낮에와 같이 단정히 행하고 방탕하거나 술 취하지 말며, 음란하거나 호색하지 말며 다투거나 시기하지 말고, 오직 주 예수 그리스도로 옷 입고 정욕을 위하여 육신의 일을 도모하지 말라.

-로마서 13장 12-14

6월 26일 … 경건은 범사에 유익

육체의 연단은 약간의 유익이 있으나, 경건은 범사에 유익하니 금생과 내생에 약속이 있느니라.

-디모데전서 4장 8

6월 27일 … 의와 진리의 거룩함으로 무장

오직 너희의 심령이 새롭게 되어 하나님을 따라, 의와 진리의 거룩함으로 지으심을 받은 새 사람을 입으라.

–에베소서 4장 23–24

6월 28일 … 나중 된 자가 먼저 되고

이와 같이 나중 된 자로서 먼저 되고, 먼저 된 자로서 나중 되리라.

–마태복음 20장 16

6월 29일 … 애굽을 심판하시다

너희는 통곡하며 이르기를 슬프다 이날이여 하라. 그날이 가깝도다, 여호와의 날이 가깝도다. 구름의 날일 것이요 여러 나라들의 때이리로다.

–에스겔 30장 2–3

Touch Me Not(Titian)

6월 30일 … 믿음과 지혜

너희 중에 누구든지 지혜가 부족하거든 모든 사람에게 후히 주시고, 꾸짖지 아니하시는 하나님께 구하라. 그리하면 주시리라. 오직 믿음으로 구하고 조금도 의심하지 말라.

–야고보서 1장 5–6

7월

8월

9월

여호와께서 자기에게 기름 부음 받은 자를 구원하시는 줄 이제 내가 아노니 그의 오른손의 구원하는 힘으로 그의 거룩한 하늘에서 그에게 응답하시리로다

-시편 20편 6

7월 1일 복음과 함께 고난을 받으라

하나님이 우리에게 주신 것은 두려워하는 마음이 아니요. 오직 능력과 사랑과 절제하는 마음이니.

-디모데후서 1장 7

7월 2일 … 행함이 없는 믿음은 죽은 것

이와 같이 행함이 없는 믿음은 그 자체가 죽은 것이라.

-야고보서 2장 17

7월 3일 … 진실한 회개

우리는 수치 중에 눕겠고 우리의 치욕이 우리를 덮을 것이니, 이는 우리와 우리 조상들이 청년의 때로부터 오늘까지 우리 하나님 여호와께 범죄하여, 우리 하나님 여호와의 목소리에 순종하지 아니하였음이니이다.

-예레미야 3장 25

7월 4일 … 이스라엘을 다시 세우고 지키시리라

내가 그 사로잡힌 자를 돌아오게 할 때에, 그들이 유다 땅과 그 성읍들에서 다시 이 말을 쓰리니. 곧 의로운 처소여, 거룩한 산이여, 여호와께서 네게 복 주시기를 원하노라 할 것이며.

–예레미야 31장 23

7월 5일 … 일을 선하게 행하라

우리를 위하여 기도하라, 우리가 모든 일에 선하게 행하려 하므로 우리에게 선한 양심이 있는 줄을 확신하노니.

–히브리서 13장 18

7월 6일 … 더욱 창대하게 하시고 위로하소서

주께서 우리를 다시 살리시며 땅 깊은 곳에서 다시 이끌어 올리시리이다. 나를 더욱 창대하게 하시고 돌이키사 나를 위로하소서.

–시편 71편 20–21

7월 7일 … 끝까지 그리스도와 참여하라

우리가 시작할 때에 확신한 것을 끝까지 견고히 잡고 있으면, 그리스도와 함께 참여한 자가 되리라.

–히브리서 3장 14

7월 8일 … 부자와 거지

아브라함이 이르되 얘 너는 살았을 때에 좋은 것을 받았고, 나사로는 고난을 받았으니 이제 그는 여기서 위로를 받고 너는 괴로움을 받느니라. 너희와 우리 사이에 큰 구렁텅이가 놓여 있어 여기서 너희에게 건너가고자 하되 갈 수 없고 거기서 우리에게 건너올 수도 없게 하였느니라.

-누가복음 16장 25-26

Nursing Madonna(Leonardo da Vinci)

7월 9일 … 여호수아, 강(强)하고 담대(膽大)하라

강하고 담대하라. 너는 내가 그들의 조상에게 맹세하여 그들에게 주리라 한 땅을 이 백성에게 차지하게 하리라.

-여호수아 1장 6

7월 10일 … 물이 바다를 덮음 같이

이는 물이 바다를 덮음 같이 여호와의 영광을 인정하는 것이 세상에 가득함이니라.

-하박국 2장 14

7월 11일 … 솔로몬이 태어나다

다윗이 그의 아내 밧세바를 위로하고 그에게 들어가 그와 동침하였더니, 그가 아들을 낳으매 그의 이름을 솔로몬이라 하니라 여호와께서 그를 사랑하사. 선지자 나단을 보내, 그의 이름을 여디디야라 하시니 이는 여호와께서 사랑하셨기 때문이더라.

-사무엘하 12장 24-25

7월 12일 … 굳세게 하리라, 도와주리라

여호와께서는 지극히 존귀하시니 그는 높은 곳에 거하심이요 정의와 공의를 시온에 충만하게 하심이라. 네 시대에 평안함이 있으며 구원과 지혜와 지식이 풍성할 것이니 여호와를 경외함이 네 보배니라.

-이사야 33장 5-6

7월 13일 … 하박국의 감사

비록 무화과나무가 무성하지 못하며, 포도나무에 열매가 없으며, 감람나무에 소출이 없으며, 밭에 먹을 것이 없으며, 우리에 양이 없으며, 외양간에 소가 없을지라도, 나는 여호와로 말미암아 즐거워하며, 나의 구원의 하나님으로 말미암아 기뻐하리로다.

-하박국 3장 17-18

7월 14일 … 은혜를 구하는 기도

여호와여, 우리에게 은혜를 베푸소서. 우리가 주를 앙망하오니 주는 아침마다 우리의 팔이 되시며 환난 때에 우리의 구원이 되소서.

–이사야 33장 2

7월 15일 … 사사 기드온

여호와의 사자가 기드온에게 나타나 이르되 큰 용사여, 여호와께서 너와 함께 계시도다.

–사사기 6장 12

7월 16일 … 내 이웃을 내 몸같이 사랑하라

대답하여 이르되 네 마음을 다하며, 목숨을 다하며, 힘을 다하며, 뜻을 다하여 주 너의 하나님을 사랑하고, 또한 네 이웃을 네 자신 같이 사랑하라 하였나이다.

-누가복음 10장 27

Virgin of the Rocks(Leonardo Da Vinci)

7월 17일 … 감사 찬양

너희는 여호와께 감사하며 그의 이름을 불러 아뢰며, 그가 행하신 일을 만민 중에 알릴지어다. 그에게 노래하며 그를 찬양하고 그의 모든 기사를 전할지어다. 그의 성호를 자랑하라. 여호와를 구하는 자마다 마음이 즐거울지로다.

-역대상 16장 8-10

7월 18일 사도를 기억하라

사랑하는 자들아 내가 이 둘째 편지를 너희에게 쓰노니 이 두 편지로 너희의 진실한 마음을 일깨워 생각나게 하여, 곧 거룩한 선지자들이 예언한 말씀과 주 되신 구주께서 너희의 사도들로 말미암아 명하신 것을 기억하게 하려 하노라.

-베드로후서 3장 1-2

7월 19일 … 사랑하는 자들아 서로 사랑하자

사랑하는 자들아, 하나님이 이같이 우리를 사랑하였은즉 우리도 서로 사랑하는 것이 마땅하도다.

–요한1서 4장 11

7월 20일 … 구원의 아름다운 소식

주 여호와의 영이 내게 내리셨으니 이는 여호와께서 내게 기름을 부으사, 가난한 자에게 아름다운 소식을 전하게 하려 하심이라. 나를 보내사 마음이 상한 자를 고치며 포로된 자에게 자유를, 갇힌 자에게 놓임을 선포하며.

–이사야 61장 1

7월 21일 … 은혜 받을 만한 때

내가 은혜 베풀 때에 너에게 듣고 구원의 날에 너를 도왔다 하셨으니, 보라 지금은 은혜 받을 만한 때요, 보라, 지금은 구원의 날이로다.

-고린도후서 6장 2

7월 22일 … 믿음으로 말미암아 하나님 아들이 되다

너희가 다 믿음으로 말미암아 그리스도 예수 안에서 하나님의 아들이 되었으니.

-갈라디아서 3장 26

7월 23일 … 쟁기를 잡고 뒤돌아보는 자

손에 쟁기를 잡고 뒤를 돌아보는 자는 하나님의 나라에 합당하지 아니하니라 하시니라.

-누가복음 9장 62

7월 24일 … 오천 명을 먹이시다

예수께서 떡을 가져 축사하신 후에 앉아 있는 자들에게 나눠 주시고 물고기도 그렇게 그들의 원대로 주시니라.

—요한복음 6장 11

Miracle of the Bread and Fish(Giovanni Lanfranco)

7월 25일 … 양의 우리 비유

내가 진실로 진실로 너희에게 이르노니, 문을 통하여 양의 우리에 들어가지 아니하고 다른 데로 넘어가는 자는 절도며 강도요, 문으로 들어가는 이는 양의 목자라.

-요한복음 10장 1-2

7월 26일 … 소금이요 빛이라

너희는 세상의 소금이니 소금이 만일 그 맛을 잃으면 무엇으로 짜게 하리요. 후에는 아무 쓸 데 없어 다만 밖에 버려져 사람에게 밟힐 뿐이니라. 너희는 세상의 빛이라 산 위에 있는 동네가 숨겨지지 못할 것이요. 사람이 등불을 켜서 말 아래에 두지 아니하고 등경 위에 두나니 이러므로 집 안 모든 사람에게 비치느니라. 이같이 너희 빛이 사람 앞에 비치게 하여 그들로 너희 착한 행실을 보고 하늘에 계신 너희 아버지께 영광을 돌리게 하라.

-마태복음 5장 13-16

7월 27일 … 그리스도와 함께 죽고 함께 산다

우리가 알거니와 우리의 옛 사람이 예수와 함께 십자가에 못 박힌 것은 죄의 몸이 죽어 다시는 우리가 죄에게 종 노릇 하지 아니하려 함이니. 이는 죽은 자가 죄에서 벗어나 의롭다 하심을 얻었음이라. 만일 우리가 그리스도와 함께 죽었으면 또한 그와 함께 살 줄을 믿노니.

-로마서 6장 6-8

Ognissanti Madonna(Giotto di Bondone)

7월 28일 … 그리스도인과 세상 권세

각 사람은 위에 있는 권세들에게 복종하라. 권세는 하나님으로부터 나지 않음이 없나니 모든 권세는 다 하나님께서 정하신 바라.

–로마서 13장 1

7월 29일 … 하나의 몸과 많은 지체

너희는 그리스도의 몸이요 지체의 각 부분이라. 하나님이 교회 중에 몇을 세우셨으니, 첫째는 사도요 둘째는 선지자요 셋째는 교사요 그 다음은 능력을 행하는 자요. 그 다음은 병 고치는 은사와 서로 돕는 것과 다스리는 것과 각종 방언을 말하는 것이라.

–고린도전서 12장 27–28

7월 30일 … 하나님의 영과 적 그리스도의 영

자녀들아 너희는 하나님께 속하였고 또 그들을 이기었나니, 이는 너희 안에 계신 이가 세상에 있는 자보다 크심이라.

–요한1서 4장 4

7월 31일 … 세상을 이기는 믿음

무릇 하나님께로부터 난 자마다 세상을 이기느니라 세상을 이기는 승리는 이것이니 우리의 믿음이니라.

—요한일서 5장 4

The Descent from the Cross(Peter Paul Rubens)

8월 1일 … 시험을 받으시다

마귀가 이르되 네가 만일 하나님의 아들이어든 이 돌들에게 명하여 떡이 되게 하라. 예수께서 대답하시되 기록된 바, 사람이 떡으로만 살 것이 아니라 하였느니라.

–누가복음 4장 3–4

8월 2일 … 희망의 말씀

외치는 자의 소리여 이르되 너희는 광야에서 여호와의 길을 예비하라. 사막에서 우리 하나님의 대로를 평탄하게 하라.

–이사야 40장 3

8월 3일 … 여호와의 응답

이 묵시는 정한 때가 있나니 그 종말이 속히 이르겠고 결코 거짓되지 아니하리라. 비록 더딜지라도 기다리라 지체되지 않고 반드시 응하리라.

–하박국 2장 3

8월 4일 … 거룩한 길

광야와 메마른 땅이 기뻐하며 사막이 백합화같이 피어 즐거워하며, 무성하게 피어 기쁜 노래로 즐거워하며 레바논의 영광과 갈멜과 사론의 아름다움을 얻을 것이라. 그것들이 여호와의 영광 곧 우리 하나님의 아름다움을 보리로다. 너희는 약한 손을 강하게 하며 떨리는 무릎을 굳게 하며 겁내는 자들에게 이르기를 굳세어라, 두려워하지 말라, 보라, 너희 하나님이 오사 보복하시며 갚아 주실 것이라 하나님이 오사 너희를 구하시리라 하라.

–이사야 35장 1–4

8월 5일 … 요셉이 애굽의 총리가 되다

너는 내 집을 다스리라. 내 백성이 다 네 명령에 복종하리니 내가 너보다 높은 것은 내 왕좌뿐이니라. 바로가 또 요셉에게 이르되 내가 너를 애굽 온 땅의 총리가 되게 하노라.

–창세기 41장 40–41

8월 6일 … 여호와를 앙망하는 자

오직 여호와를 앙망하는 자는 새 힘을 얻으리니, 독수리가 날개치며 올라감 같을 것이요, 달음박질하여도 곤비하지 아니하겠고, 걸어가도 피곤하지 아니하리로다.

–이사야 40장 31

8월 7일 … 욥이 자기 생일을 저주하다

나에게는 평온도 없고 안일도 없고 휴식도 없고 다만 불안만이 있구나.

–욥기 3장 26

8월 8일 … 새 하늘과 새 땅

보라, 내가 새 하늘과 새 땅을 창조하나니, 이전 것은 기억되거나 마음에 생각나지 아니할 것이라. 너희는 내가 창조하는 것으로 말미암아 영원히 기뻐하며 즐거워할지니라. 보라.

–이사야 65장 17–18

8월 9일 … 여호와를 경외하는 자

여호와를 경외하는 도는 정결하여 영원까지 이르고 여호와의 법도 진실하여 다 의로우니. 금 곧 많은 순금보다 더 사모할 것이며 꿀과 송이꿀보다 더 달도다.

-시편 19편 9-10

8월 10일 … 나의 반석

나의 반석이시요 나의 구속자이신 여호와여, 내 입의 말과 마음의 묵상이 주님 앞에 열납되기를 원하나이다.

-시편 19편 14

8월 11일 … 기름 부음 받은 자

여호와께서 자기에게 기름 부음 받은 자를 구원하시는 줄 이제 내가 아노니 그의 오른손의 구원하는 힘으로 그의 거룩한 하늘에서 그에게 응답하시리로다.

-시편 20편 6

8월 12일 … 그리스도인이 받을 고난

그리스도께서 이미 육체의 고난을 받으셨으니 너희도 같은 마음으로 갑옷을 삼으라. 이는 육체의 고난을 받은 자는 죄를 그쳤음이니, 그 후로는 다시 사람의 정욕을 따르지 않고 하나님의 뜻을 따라 육체의 남은 때를 살게 하려 함이라.

-베드로전서 4장 1-2

Head of Christ Crowned with Thorns(Guido Reni)

8월 13일 … 비교할 수 없는 하나님

거룩하신 이가 이르시되 그런즉 너희가 나를 누구에게 비교하여 나를 그와 동등하게 하겠느냐 하시니라. 너희는 눈을 높이 들어 누가 이 모든 것을 창조하였나 보라.

—이사야 40장 25–26

8월 14일 … 새일꾼

우리가 다 수건을 벗은 얼굴로 거울을 보는 것같이 주의 영광을 보매 그와 같은 형상으로 변화하여 영광에서 영광에 이르니 곧 주의 영으로 말미암음이니라.

—고린도후서 3장 18

8월 15일 … 영원히 미쁘신 창조주께 의탁

만일 그리스도인으로 고난을 받으면 부끄러워하지 말고 도리어 그 이름으로 하나님께 영광을 돌리라.

—베드로전서 4장 16

8월 16일 … 엘리사의 기적

엘리사가 물 근원으로 나아가서 소금을 그 가운데에 던지며 이르되, 여호와의 말씀이 내가 이 물을 고쳤으니 이로부터 다시는 죽음이나 열매 맺지 못함이 없을지니라 하셨느니라.

–열왕기하 2장 21

8월 17일 … 여호와는 나의 힘이요 노래

여호와는 나의 힘이요 노래시며 나의 구원이시로다, 그는 나의 하나님이시니 내가 그를 찬송할 것이요 내 아버지의 하나님이시니 내가 그를 높이리로다.

–출애굽기 15장 2

8월 18일 … 세월을 아껴라

내가 마땅히 할 말로써 이 비밀을 나타내리라. 외인에게 대해서는 지혜로 행하여 세월을 아끼라.

–골로새서 4장 4-5

8월 19일 … 주는 부활이요 생명

나는 부활이요 생명이니 나를 믿는 자는 죽어도 살겠고 무릇 살아서 나를 믿는 자는 영원히 죽지 아니하리니 이것을 네가 믿느냐.

-요한복음 11장 25-26

The Resurrection of Christ(Andrea Mantegna)

8월 20일 … 한알의 밀이 땅에 떨어져야

내가 진실로 진실로 너희에게 이르노니, 한 알의 밀이 땅에 떨어져 죽지 아니하면 한 알 그대로 있고 죽으면 많은 열매를 맺느니라.

–요한복음 12장 24

8월 21일 … 여호와의 진노

여호와는 노하기를 더디하시며 권능이 크시며 벌 받을 자를 결코 내버려두지 아니하시느니라. 여호와의 길은 회오리바람과 광풍에 있고 구름은 그의 발의 티끌이로다.

–나훔 1장 3

8월 22일 … 나는 세상의 빛

나는 세상의 빛이니 나를 따르는 자는 어둠에 다니지 아니하고 생명의 빛을 얻으리라.

–요한복음 8장 12

8월 23일 … 배에서 생수의 강이 흐르다

명절 끝날 곧 큰 날에 예수께서 서서 외쳐 이르시되 누구든지 목마르거든 내게로 와서 마시라. 나를 믿는 자는 성경에 이름과 같이 그 배에서 생수의 강이 흘러나오리라 하시니 이는 그를 믿는 자들이 받을 성령을 가리켜 말씀하신 것이라.

-요한복음 7장 37-39

8월 24일 … 능치 못할 일이 없다

예수께서 이르시되 할 수 있거든이 무슨 말이냐, 믿는 자에게는 능히 하지 못할 일이 없느니라 하시니.

-마가복음 9장 23

8월 25일 … 우리는 살아 계신 하나님의 성전

하나님의 성전과 우상이 어찌 일치가 되리요 우리는 살아 계신 하나님의 성전이라 이와 같이 하나님께서 이르시되 내가 그들 가운데 거하며 두루 행하여 나는 그들의 하나님이 되고 그들은 나의 백성이 되리라.

-고린도후서 6장 16

8월 26일 … 외모로 판단하지 말고 공의로

모세가 너희에게 할례를 행했으니 그러므로 너희가 안식일에도 사람에게 할례를 행하느니라. 모세의 율법을 범하지 아니하려고 사람이 안식일에도 할례를 받는 일이 있거든 내가 안식일에 사람의 전신을 건전하게 한 것으로 너희가 내게 노여워하느냐. 외모로 판단하지 말고 공의롭게 판단하라 하시니라.

-요한복음 15장 22-24

8월 27일 … 나는 포도나무요 너희는 가지라

나는 참포도나무요 내 아버지는 농부라. 무릇 내게 붙어 있어 열매를 맺지 아니하는 가지는 아버지께서 그것을 제거해 버리시고 무릇 열매를 맺는 가지는 더 열매를 맺게 하려 하여 그것을 깨끗하게 하시느니라.

-요한복음 15장 1-2

8월 28일 … 열매를 많이 맺어야 하는 이유

너희가 열매를 많이 맺으면 내 아버지께서 영광을 받으실 것이요 너희는 내 제자가 되리라.

-요한복음 15장 8

8월 29일 … 내 양을 먹이라

예수께서 시몬 베드로에게 이르시되 요한의 아들 시몬아, 네가 이 사람들보다 나를 더 사랑하느냐 하시니 이르되 주님 그러하나이다 내가 주님을 사랑하는 줄 주님께서 아시나이다 이르시되 내 어린 양을 먹이라.

-요한복음 21장 15

Sermon on the Mount(Carl Heinrich Bloch)

8월 30일 … 구제는 하늘에 복을 쌓는 것

욕심이 많은 자는 다툼을 일으키나 여호와를 의지하는 자는 풍족하게 되느니라. 자기의 마음을 믿는 자는 미련한 자요 지혜롭게 행하는 자는 구원을 얻은 자니라. 가난한 자를 구제하는 자는 궁핍하지 아니하려니와 못 본 체하는 자에게는 저주가 크니라.

–잠언 28장 25–27

8월 31일 … 아나니아와 삽비라

베드로가 이르되 너희가 어찌 함께 꾀하여 주의 영을 시험하려 하느냐 보라, 네 남편을 장사하고 오는 사람들의 발이 문 앞에 이르렀으니 또 너를 메어 내가리라 하니 그의 남편 곁에 장사하니, 온 교회와 이 일을 듣는 사람들이 다 크게 두려워하니라.

–사도행전 5장 9–11

9월 1일 … 지혜로운 삶

너는 네 떡을 물 위에 던져라. 여러날 후에 도로 찾으리라. 일곱에게나 여덟에게 나눠 줄지어다. 무슨 재앙이 땅에 임할는지 네가 알지 못함이니라.

-전도서 11장 1-2

9월 2일 … 그리스도인의 자유와 사랑

보라, 나 바울은 너희에게 말하노니 너희가 만일 할례를 받으면 그리스도께서 너희에게 아무 유익이 없으리라. 내가 할례를 받는 각 사람에게 다시 증언하노니 그는 율법 전체를 행할 의무를 가진 자라. 율법 안에서 의롭다 함을 얻으려 하는 너희는 그리스도에게서 끊어지고 은혜에서 떨어진 자로다. 우리가 성령으로 믿음을 따라 의의 소망을 기다리노니.

-갈라디아서 5장 2-5

9월 3일 … 자유를 주셨으니 굳건히 서라

그리스도께서 우리를 자유롭게 하려고 자유를 주셨으니 그러므로 굳건하게 서서 다시는 종의 멍에를 메지 말라.

-갈라디아서 5장 1

9월 4일 … 선을 행하되 낙심하지 말고

우리가 선을 행하되 낙심하지 말지니 포기하지 아니하면 때가 이르매 거두리라.

-갈라디아서 6장 9

9월 5일 … 통찰력

선한 일을 행한 자는 생명의 부활로, 악한 일을 행한 자는 심판의 부활로 나오리라.

-요한복음 5장 29

9월 6일 … 주의 장막에 머무를 자

여호와여 주의 장막에 머무를 자 누구오며 주의 성산에 사는 자 누구오니이까. 정직하게 행하며 공의를 실천하며 그의 마음에 진실을 말하며 그의 혀로 남을 허물하지 아니하고 그의 이웃에게 악을 행하지 아니하며, 그의 이웃을 비방하지 아니하며. 그의 눈은 망령된 자를 멸시하며 여호와를 두려워하는 자들을 존대하며 그의 마음에 서원한 것은 해로울지라도 변하지 아니하며.

–시편 15편 1–4

9월 7일 … 내일 일을 자랑하지 말라

내일 일을 자랑하지 말라. 하루 동안에 무슨 일이 일어날지는 네가 알 수 없음이니라.

–잠언 27장 1

9월 8일 … 하나님께 감사

너희를 위하여 하늘에 쌓아 둔 소망으로 말미암음이니 곧 너희가 전에 복음 진리의 말씀을 들은 것이라.

–골로새서 1장 5

9월 9일 … 하나님의 형상이시요 교회의 머리시라

그가 우리를 흑암의 권세에서 건져내사 그의 사랑의 아들의 나라로 옮기셨으니, 그 아들 안에서 우리가 속량 곧 죄 사함을 얻었도다.

–골로새서 1장 13–14

9월 10일 … 흑암의 권세에서 구하시다

그는 몸인 교회의 머리시라 그가 근본이시요, 죽은 자들 가운데서 먼저 나신 이시니 이는 친히 만물의 으뜸이 되려 하심이요.

–골로새서 1장 18

9월 11일 … 교회를 위하여 바울이 하는 일

나는 이제 너희를 위하여 받는 괴로움을 기뻐하고 그리스도의 남은 고난을 그의 몸된 교회를 위하여 내 육체에 채우노라.

–골로새서 1장 24

9월 12일 … 진정한 겸손

아무 일에든지 다툼이나 허영으로 하지 말고, 오직 겸손한 마음으로 각각 자기보다 남을 낫게 여기고, 각각 자기 일을 돌볼뿐더러 또한 각각 다른 사람들의 일을 돌보아 나의 기쁨을 충만하게 하라.

-빌립보서 2장 3-4

9월 13일 … 행복하고 싶다면

마른 떡 한 조각만 있고도 화목하는 것이 제육이 집에 가득하고도 다투는 것보다 나으니라.

-잠언 17장 1

9월 14일 … 누가 크냐

내가 진실로 너희에게 이르노니 여기 서 있는 사람 중에는 죽기 전에 하나님의 나라가 권능으로 임하는 것을 볼 자들도 있느니라 하시니라.

-마가복음 9장 1

9월 15일 소금은 좋은 것

사람마다 불로써 소금 치듯 함을 받으리라. 소금은 좋은 것이로되 만일 소금이 그 맛을 잃으면 무엇으로 이를 짜게 하리요. 너희 속에 소금을 두고 서로 화목하라 하시니라.

-마가복음 9장 49-50

9월 16일 … 하나님의 의

그리스도는 모든 믿는 자에게 의를 이루기 위하여 율법의 마침이 되시니라.

-로마서 10장 4

9월 17일 … 하나님의 영광

곧 예수 그리스도를 믿음으로 말미암아 모든 믿는 자에게 미치는 하나님의 의니 차별이 없느니라. 모든 사람이 죄를 범하였으매 하나님의 영광에 이르지 못하더니.

-로마서 3장 22-23

9월 18일 … 믿음과 들음

믿음은 들음에서 나며 들음은 그리스도의 말씀으로 말미암았느니라.

-로마서 10장 17

9월 19일 … 은사와 부르심에는 후회가 없으시니

복음으로 하면 그들이 너희로 말미암아 원수 된 자요, 택하심으로 하면 조상들로 말미암아 사랑을 입은 자라. 하나님의 은사와 부르심에는 후회하심이 없느니라.

-로마서 11장 28-29

9월 20일 … 주의 마음을 아는 자

이는 만물이 주에게서 나오고 주로 말미암고 주에게로 돌아감이라, 그에게 영광이 세세에 있을지어다.

-로마서 11장 36

Supper of Emmaus(Michelangelo Merisi da Caravaggio)

9월 21일 기뻐하며 부를 노래

내가 그 때에 너희를 이끌고 그 때에 너희를 모을지라, 내가 너희 목전에서 너희의 사로잡힘을 돌이킬 때에 너희에게 천하 만민 가운데서 명성과 칭찬을 얻게 하리라 여호와의 말이니라.

-스바냐 3장 20

9월 22일 … 그리스도 안에서 행하라

너희가 그리스도 예수를 주로 받았으니 그 안에서 행하되. 그 안에 뿌리를 박으며 세움을 받아 교훈을 받은 대로 믿음에 굳게 서서 감사함을 넘치게 하라.

-골로새서 2장 6-7

9월 23일 … 기도에 감사함으로 깨어있으라

상전들아 의와 공평을 종들에게 베풀지니 너희에게도 하늘에 상전이 계심을 알지어다. 기도를 계속하고 기도에 감사함으로 깨어 있으라.

-골로새서 4장 1-2

9월 24일 … 위의 것을 생각하라

그러므로 너희가 그리스도와 함께 다시 살리심을 받았으면 위의 것을 찾으라 거기는 그리스도께서 하나님 우편에 앉아 계시느니라. 위의 것을 생각하고 땅의 것을 생각하지 말라. 이는 너희가 죽었고 너희 생명이 그리스도와 함께 하나님 안에 감추어졌음이라. 우리 생명이신 그리스도께서 나타나실 그 때에 너희도 그와 함께 영광 중에 나타나리라.

-골로새서 3장 1-4

9월 25일 … 사도신경 (使徒信經, Apostles' Creed)

전능하사 천지를 만드신 하나님 아버지를 내가 믿사오며 그 외아들 우리 주 예수 그리스도를 믿사오니, 이는 성령으로 잉태하사 동정녀 마리아에게 나시고 본디오 빌라도에게 고난을 받으사 십자가에 못박혀 죽으시고, 장사된 지 사흘 만에 죽은 자 가운데서 다시 살아나시며 하늘에 오르사 전능하신 하나님 우편에 앉아 계시다가 저리로서 산자와 죽은 자를 심판하러 오시리라. 성령을 믿사오며 거룩한 공회와 성도가 서로 교통하는 것과 죄를 사하여 주시는 것과 몸이 다시 사는 것과 영원히 사는 것을 믿사옵나이다. 아멘.

9월 26일 … 살아있는 말씀

하나님의 말씀은 살아 있고 활력이 있어 좌우에 날선 어떤 검보다도 예리하여 혼과 영과 및 관절과 골수를 찔러 쪼개기까지 하며 또 마음의 생각과 뜻을 판단하나니.
지으신 것이 하나도 그 앞에 나타나지 않음이 없고 우리의 결산을 받으실 이의 눈 앞에 만물이 벌거벗은 것 같이 드러나느니라.

-히브리서 4장 12-13

9월 27일 … 율례를 따르고 행하라

내 율례를 따르며 내 규례를 지켜 행하게 하리니 그들은 내 백성이 되고 나는 그들의 하나님이 되리라.

-에스겔 11장 20

9월 28일 ··· 천지창조

태초에 하나님이 천지를 창조하시니라. 땅이 혼돈하고 공허하며 흑암이 깊음 위에 있고 하나님의 영은 수면 위에 운행하시니라. 하나님이 이르시되 빛이 있으라 하시니 빛이 있었고, 빛이 하나님이 보시기에 좋았더라 하나님이 빛과 어둠을 나누사, 하나님이 빛을 낮이라 부르시고 어둠을 밤이라 부르시니라. 저녁이 되고 아침이 되니 이는 첫째 날이니라.

-창세기 1장 1-5

The Creation of Adam(Michelangelo)

9월 29일 … 천지와 만물의 완성

천지와 만물이 다 이루어지니라. 하나님이 그가 하시던 일을 일곱째 날에 마치시니 그가 하시던 모든 일을 그치고 일곱째 날에 안식하시니라. 하나님이 그 일곱째 날을 복되게 하사 거룩하게 하셨으니.

-창세기 2장 1-3

9월 30일 … 인간은 하나님의 형상대로

하나님이 사람을 창조하실 때에 하나님의 모양대로 지으시되 남자와 여자를 창조하셨고, 그들이 창조되던 날에 하나님이 그들에게 복을 주시고 그들의 이름을 사람이라 일컬으셨더라.

-창세기 5장 1-2

10월

11월

12월

내가 항상 내 하나님께 감사하고 기도할 때에 너를 말함은 주 예수와 및 모든 성도에 대한 네 사랑과 믿음이 있음을 들음이니 이로써 네 믿음의 교제가 우리 가운데 있는 선을 알게 하고 그리스도께 이르도록 역사하느니라

-빌레몬서 1장 4-6

10월 1일 노아, 사십주야 홍수

사십 주야를 비가 땅에 쏟아졌더라. 무릇 생명의 기운이 있는 육체가 둘씩 노아에게 나아와 방주로 들어갔으니.

–창세기 7장 12, 15

10월 2일 … 바벨탑, 언어가 혼란

그 이름을 바벨이라 하니, 이는 여호와께서 거기서 온 땅의 언어를 혼잡하게 하셨음이니라. 여호와께서 거기서 그들을 온 지면에 흩으셨더라.

–창세기 11장 9

10월 3일 … 그리스도를 위해 죽는 것

아무 일에든지 부끄러워하지 아니하고 지금도 전과 같이 온전히 담대하여 살든지 죽든지 내 몸에서 그리스도가 존귀하게 되게 하려 하나니, 이는 내게 사는 것이 그리스도니 죽는 것도 유익함이라.

-빌립보서 1장 20-21

10월 4일 … 그 때에 슬픔과 탄식이 사라지고

여호와의 속량함을 받은 자들이 돌아오되 노래하며 시온에 이르러 그들의 머리 위에 영영한 희락을 띠고 기쁨과 즐거움을 얻으리니, 슬픔과 탄식이 사라지리로다.

-이사야 35장 10

10월 5일 … 엘리야가 하늘로 올라가다

여호와께서 회오리 바람으로 엘리야를 하늘로 올리고자 하실 때에 엘리야가 엘리사와 더불어 길갈에서 나가더니.

-열왕기하 2장 1

10월 6일 … 주안에서 항상 기뻐하라

그러므로 나의 사랑하고 사모하는 형제들, 나의 기쁨이요 면류관인 사랑하는 자들아 이와 같이 주 안에 서라. 내가 유오디아를 권하고 순두게를 권하노니 주 안에서 같은 마음을 품으라. 또 참으로 나와 멍에를 같이한 네게 구하노니 복음에 나와 함께 힘쓰던 저 여인들을 돕고 또한 글레멘드와 그 외에 나의 동역자들을 도우라 그 이름들이 생명책에 있느니라.

-빌립보서 4장 1-3

The Adoration of the Magi(Sandro Botticelli)

10월 7일 … 민족 영웅 모세가 태어나다

그 아기가 자라매 바로의 딸에게로 데려가니 그가 그의 아들이 되니라. 그가 그의 이름을 모세라 하여 이르되 이는 내가 그를 물에서 건져내었음이라 하였더라.

–출애굽기 2장 10

10월 8일 … 평안을 주노라

평안을 너희에게 끼치노니 곧 나의 평안을 너희에게 주노라. 내가 너희에게 주는 것은 세상이 주는 것 같지 아니하니라, 너희는 마음에 근심도 말고 두려워하지도 말라.

-요한복음 14:27

10월 9일 … 천국복음 전파

예수께서 온 갈릴리에 두루 다니사 그들의 회당에서 가르치시며 천국복음을 전파하시며 백성 중의 모든 병과 모든 약한 것을 고치시니.

-마태복음 4장 23

10월 10일 … 믿음으로 구하는 기도

내가 진실로 너희에게 이르노니 누구든지 이 산더러 들리어 바다에 던져지라 하며 그 말하는 것이 이루어질 줄 믿고 마음에 의심하지 아니하면 그대로 되리라. 그러므로 내가 너희에게 말하노니 무엇이든지 기도하고 구하는 것은 받은 줄로 믿으라. 그리하면 너희에게 그대로 되리라. 서서 기도할 때에 아무에게나 혐의가 있거든 용서하라. 그리하여야 하늘에 계신 너희 아버지께서도 너희 허물을 사하여 주시리라 하시니라.

–마가복음 11장 23–25

10월 11일 … 영생을 알게 하려 함이라

그를 향하여 우리가 가진 바 담대함이 이것이니 그의 뜻대로 무엇을 구하면 들으심이라. 우리가 무엇이든지 구하는 바를 들으시는 줄을 안즉 우리가 그에게 구한 그것을 얻은 줄을 또한 아느니라.

–요한1서 5장 14–15

10월 12일 … 네게 부르짖으라

일을 행하시는 여호와, 그것을 만들며 성취하시는 여호와, 그의 이름을 여호와라 하는 이가 이와 같이 이르시도다. 너는 내게 부르짖으라 내가 네게 응답하겠고 네가 알지 못하는 크고 은밀한 일을 네게 보이리라.

–예레미야 33장 2–3

10월 13일 … 하늘에 속한 신령한 복

찬송하리로다 하나님 곧 우리 주 예수 그리스도의 아버지께서 그리스도 안에서 하늘에 속한 모든 신령한 복을 우리에게 주시되, 곧 창세 전에 그리스도 안에서 우리를 택하사 우리로 사랑 안에서 그 앞에 거룩하고 흠이 없게 하시려고, 그 기쁘신 뜻대로 우리를 예정하사 예수 그리스도로 말미암아 자기의 아들들이 되게 하셨으니.

–에베소서 1장 3–5

The Angelus(Jean-Francois Millet)

10월 14일 … 주기도문

그러므로 너희는 이렇게 기도하라. 하늘에 계신 우리 아버지여 이름이 거룩히 여김을 받으시오며 나라에 임하옵시며 뜻이 하늘에서 이룬 것 같이 땅에서도 이루어지이다 오늘날 우리에게 일용할 양식을 주옵시고 우리가 우리에게 죄 지은 자를 사하여 준 것같이 우리 죄를 사하여 주시옵고 우리를 시험에 들게 하지 마시옵고 다만 악에서 구하옵소서. 나라와 권세와 영광이 아버지께 영원히 있사옵나이다. 아멘.

–마태복음 6장 9–13

10월 15일 … 낮의 아들

너희는 다 빛의 아들이요 낮의 아들이라. 우리가 밤이나 어둠에 속하지 아니하나니, 그러므로 우리는 다른 이들과 같이 자지 말고 오직 깨어 정신을 차릴지라.

–데살로니가전서 5장 5–6

10월 16일 … 의의 하나님께 부르짖음

의의 제사를 드리고 여호와를 의지할지어다.

–시편 4편 5

10월 17일 … 평강의 왕

이는 한 아기가 우리에게 났고 한 아들을 우리에게 주신 바 되었는데 그의 어깨에는 정사를 메었고 그의 이름은 기묘자라, 모사라, 전능하신 하나님이라, 영존하시는 아버지라, 평강의 왕이라 할 것임이라.

–이사야 9장 6

10월 18일 … 여호와는 나의 목자시니

여호와는 나의 목자시니 내게 부족함이 없으리로다.

그가 나를 푸른 풀밭에 누이시며 쉴 만한 물 가로 인도하시는도다.

내 영혼을 소생시키시고 자기 이름을 위하여 의의 길로 인도하시는도다.

내가 사망의 음침한 골짜기로 다닐지라도 해를 두려워하지 않을 것은 주께서 나와 함께 하심이라, 주의 지팡이와 막대기가 나를 안위하시나이다 주께서 내 원수의 목전에서 내게 상을 차려 주시고 기름을 내 머리에 부으셨으니 내 잔이 넘치나이다. 내 평생에 선하심과 인자하심이 반드시 나를 따르리니 내가 여호와의 집에 영원히 살리로다.

-시편 23편 1-6

10월 19일 … 성령의 법

그리스도 예수 안에 있는 생명의 성령의 법이 죄와 사망의 법에서 너를 해방하였음이라.

–로마서 8장 2

10월 20일 … 현재의 고난은 장차 영광에 비해 미약

현재의 고난은 장차 우리에게 나타날 영광과 비교할 수 없도다.

–로마서 8장 18

10월 21일 … 젊은이에게 주는 교훈

내 아들아, 나의 법을 잊어버리지 말고 네 마음으로 나의 명령을 지키라. 그리하면 그것이 네가 장수하여 많은 해를 누리게 하며 평강을 더하게 하리라. 인자와 진리가 네게서 떠나지 말게 하고, 그것을 네 목에 매며 네 마음판에 새기라. 그리하면 네가 하나님과 사람 앞에서 은총과 귀중히 여김을 받으리라.

–잠언 3장 1–4

10월 22일 … 믿음 소망 사랑 중 제일은 사랑

내가 어렸을 때에는 말하는 것이 어린 아이와 같고, 깨닫는 것이 어린 아이와 같고, 생각하는 것이 어린 아이와 같다가 장성한 사람이 되어서는 어린 아이의 일을 버렸노라. 우리가 지금은 거울로 보는 것 같이 희미하나 그 때에는 얼굴과 얼굴을 대하여 볼 것이요 지금은 내가 부분적으로 아나 그 때에는 주께서 나를 아신 것 같이 내가 온전히 알리라. 그런즉 믿음, 소망, 사랑, 이 세 가지는 항상 있을 것인데 그 중의 제일은 사랑이라.

-고린도전서 13장 11-13

10월 23일 … 믿음의 선한 싸움

믿음의 선한 싸움을 싸우라. 영생을 취하라. 이를 위하여 네가 부르심을 받았고 많은 증인 앞에서 선한 증언을 하였도다.

-디모데전서 6장 12

10월 24일 … 겸손한 지혜

지혜로운 자는 영광을 기업으로 받거니와 미련한 자의 영달함은 수치가 되느니라.

–잠언 3장 35

10월 25일 … 우상 숭배를 규탄하시다

의인이 죽을지라도 마음에 두는 자가 없고 진실한 이들이 거두어 감을 당할지라도 깨닫는 자가 없도다. 의인들은 악한 자들 앞에서 불리어가도다. 그들은 평안에 들어갔나니 바른 길로 가는 자들은 그들의 침상에서 편히 쉬리라.

–이사야 57장 1–2

The Annuciation(Fra Angelico)

10월 26일 … 일어나 빛을 발하라

일어나라. 빛을 발하라. 이는 네 빛이 이르렀고 여호와의 영광이 네 위에 임하였음이니라. 보라 어둠이 땅을 덮을 것이며 캄캄함이 만민을 가리려니와 오직 여호와께서 네 위에 임하실 것이며, 그의 영광이 네 위에 나타나리니. 나라들은 네 빛으로, 왕들은 비치는 네 광명으로 나아오리라.

-이사야 60장 1-3

10월 27일 … 믿음으로 의롭게 되다

내가 그리스도와 함께 십자가에 못 박혔나니 그런즉 이제는 내가 사는 것이 아니요, 오직 내 안에 그리스도께서 사시는 것이라 이제 내가 육체 가운데 사는 것은 나를 사랑하사 나를 위하여 자기 자신을 버리신 하나님의 아들을 믿는 믿음 안에서 사는 것이라.

–갈라디아서 2장 20

10월 28일 … 성령의 은사

이 모든 일은 같은 한 성령이 행하사 그의 뜻대로 각 사람에게 나누어 주시는 것이니라.

–고린도전서 12장 11

10월 29일 … 악인의 말로

악인은 쫓아오는 자가 없어도 도망하나 의인은 사자 같이 담대하니라.

–잠언 28장 1

10월 30일 … 길과 진리 그리고 생명

나를 사랑하지 아니하는 자는 내 말을 지키지 아니하나니, 너희가 듣는 말은 내 말이 아니요, 나를 보내신 아버지의 말씀이니라.

–요한복음 14장 24

10월 31일 … 오직 여호와로 인하여

오직 내가 아버지를 사랑하는 것과 아버지께서 명하신 대로 행하는 것을 세상이 알게 하려 함이로라.

–요한복음 14장 31

11월 1일 … 보혜사

보혜사 곧 아버지께서 내 이름으로 보내실 성령 그가 너희에게 모든 것을 가르치고 내가 너희에게 말한 모든 것을 생각나게 하리라.

–요한복음 14장 26

11월 2일 … 주의 계명에서 떠나지 않게

주의 말씀은 내 발에 등이요 내 길에 빛이니이다.

–시편 119편 105

The Ascension of Christ(Pieter Jozef Verhaghen)

11월 3일 … 소돔과 고모라

슬프다 범죄한 나라요 허물 진 백성이요 행악의 종자요 행위가 부패한 자식이로다. 그들이 여호와를 버리며 이스라엘의 거룩하신 이를 만홀히 여겨 멀리하고 물러갔도다.

-이사야 1장 4

11월 4일 … 대언자 예수 그리스도

그는 우리 죄를 위한 화목제물이니 우리만 위할 뿐 아니요 온 세상의 죄를 위하심이라.

–요한1서 2장 2

11월 5일 … 모든 것이 헛되도다

전도자가 이르되 헛되고 헛되며 헛되고 헛되니 모든 것이 헛되도다.

–전도서 1장 2

11월 6일 … 선함으로 인도하소서

주의 진리로 나를 지도하시고 교훈하소서. 주는 내 구원의 하나님이시니 내가 종일 주를 기다리나이다.

–시편 25편 5

11월 7일 … 고난에서 끌어주소서

주여 나는 외롭고 괴로우니 내게 돌이키사 나에게 은혜를 베푸소서. 내 마음의 근심이 많사오니 나를 고난에서 끌어내소서.

-시편 25편 16-17

11월 8일 … 영원토록 동일 하신 주

예수 그리스도는 어제나 오늘이나 영원토록 동일하시니라.

-히브리서 13장 8

11월 9일 … 하나님이 기뻐하시는 제사

형제 사랑하기를 계속하고 손님 대접하기를 잊지 말라. 이로써 부지중에 천사들을 대접한 이들이 있었느니라. 너희도 함께 갇힌 것같이 갇힌 자를 생각하고, 너희도 몸을 가졌은즉 학대 받는 자를 생각하라. 모든 사람은 결혼을 귀히 여기고 침소를 더럽히지 않게 하라. 음행하는 자들과 간음하는 자들을 하나님이 심판하시리라.

-히브리서 13장 1-4

11월 10일 … 미래와 희망을 얻고 싶다면

여호와의 말씀이니라. 너희를 향한 나의 생각을 내가 아나니 평안이요 재앙이 아니니라. 너희에게 미래와 희망을 주는 것이니라.

–예레미야 29장 11

11월 11일 … 선을 행함이 기쁘다

오직 선을 행함과 서로 나누어 주기를 잊지 말라. 하나님은 이같은 제사를 기뻐하시느니라.

–히브리서 13장 16

11월 12일 … 영광이 세세토록 축복과 인사

너희를 인도하는 자들에게 순종하고 복종하라. 그들은 너희 영혼을 위하여 경성하기를 자신들이 청산할 자인 것 같이 하느니라. 그들로 하여금 즐거움으로 이것을 하게 하고 근심으로 하게 하지 말라.

–히브리서 13장 17

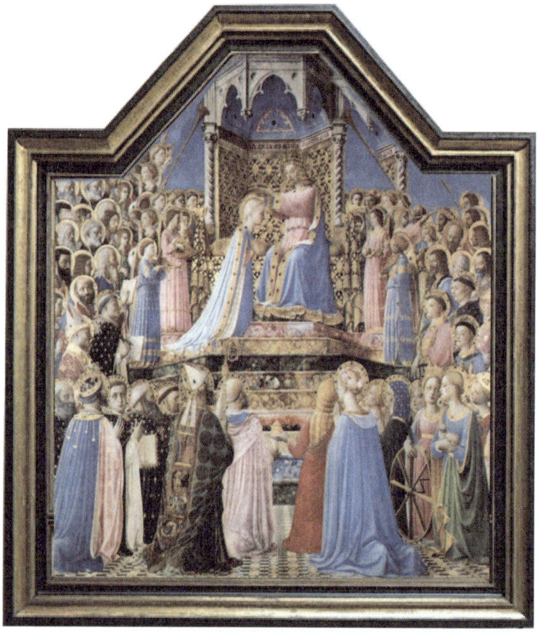

The Coronation of the Virgin(Fra Angelico)

11월 13일 … 항상 함께 있으리라

열한 제자가 갈릴리에 가서 예수께서 지시하신 산에 이르러, 예수를 뵈옵고 경배하나 아직도 의심하는 사람들이 있더라. 예수께서 나아와 말씀하여 이르시되 하늘과 땅의 모든 권세를 내게 주셨으니, 그러므로 너희는 가서 모든 민족을 제자로 삼아 아버지와 아들과 성령의 이름으로 세례를 베풀고 내가 너희에게 분부한 모든 것을 가르쳐 지키게 하라. 볼지어다. 내가 세상 끝날까지 너희와 항상 함께 있으리라 하시니라.

-마태복음 28장 16-20

11월 14일 … 내 영혼의 승리

여호와여, 나와 다투는 자와 다투시고 나와 싸우는 자와 싸우소서. 방패와 손 방패를 잡으시고 일어나 나를 도우소서. 창을 빼사 나를 쫓는 자의 길을 막으시고 또 내 영혼에게 나는 네 구원이라 이르소서. 내 생명을 찾는 자들이 부끄러워 수치를 당하게 하시며, 나를 상해하려 하는 자들이 물러가 낭패를 당하게 하소서. 그들을 바람 앞에 겨와 같게 하시고 여호와의 천사가 그들을 몰아내게 하소서.

-시편 35편 1-5

11월 15일 … 의인을 향하시는 주님

여호와의 눈은 의인을 향하시고 그의 귀는 그들의 부르짖음에 기울이시는도다. 여호와의 얼굴은 악을 행하는 자를 향하사 그들의 자취를 땅에서 끊으려 하시는도다.

-시편 34편 15-16

11월 16일 … 우리를 위해 기도하라

주께서 너희 마음을 인도하여 하나님의 사랑과 그리스도의 인내에 들어가게 하시기를 원하노라.

-데살로니가후서 3장 5

11월 17일 … 내게 능력 주시는 자

내게 능력 주시는 자 안에서 내가 모든 것을 할 수 있느니라

그러나 너희가 내 괴로움에 함께 참여하였으니 잘하였도다.

-빌립보서 4장 13-14

11월 18일 … 제 마음을 두드려주세요

의인이 부르짖으매 여호와께서 들으시고 그들의 모든 환난에서 건지셨도다. 여호와는 마음이 상한 자를 가까이 하시고 충심으로 통회하는 자를 구원하시는도다. 의인은 고난이 많으나 여호와께서 그의 모든 고난에서 건지시는도다. 그의 모든 뼈를 보호하심이여 그 중에서 하나도 꺾이지 아니하도다. 악이 악인을 죽일 것이라 의인을 미워하는 자는 벌을 받으리로다. 여호와께서 그의 종들의 영혼을 속량하시나니 그에게 피하는 자는 다 벌을 받지 아니하리로다.

–시편 34편 17–22

11월 19일 … 해를 두려워하지 않음은

내가 사망의 음침한 골짜기로 다닐지라도 해를 두려워하지 않을 것은 주께서 나와 함께 하심이라 주의 지팡이와 막대기가 나를 안위하시나이다.

–시편 23편 4

11월 20일 … 외로움에 울고 있다면

너희는 강하고 담대하라 두려워하지 말라. 그들 앞에서 떨지 말라. 이는 네 하나님 여호와 그가 너와 함께 가시며 결코 너를 떠나지 아니하시며 버리지 아니하실 것임이라 하고.

–신명기 31장 6

11월 21일 … 영원하신 능력과 신성

창세로부터 그의 보이지 아니하는 것들 곧 그의 영원하신 능력과 신성이 그가 만드신 만물에 분명히 보여 알려졌나니 그러므로 그들이 핑계하지 못할지니라.

–로마서 1장 20

The Coronation of the Virgin(Velazquez)

11월 22일 홍해를 건너다

이스라엘이 여호와께서 애굽 사람들에게 행하신 그 큰 능력을 보았으므로, 백성이 여호와를 경외하며 여호와와 그의 종 모세를 믿었더라.
-출애굽기 14장 31

11월 23일 … 부활 후 제자를 위로하시다

도마에게 이르시되 네 손가락을 이리 내밀어 내 손을 보고 네 손을 내밀어 내 옆구리에 넣어 보라. 그리하여 믿음 없는 자가 되지 말고 믿는 자가 되라.

–요한복음 20장 27

11월 24일 … 고난을 통한 온전함

만물이 그를 위하고 또한 그로 말미암은 이가 많은 아들들을 이끌어 영광에 들어가게 하시는 일에 그들의 구원의 창시자를 고난을 통하여 온전하게 하심이 합당하도다.

–히브리서 2장 10

11월 25일 … 십계명

1. 너는 나 외에는 다른 신들을 네게 두지 말라.
2. 너를 위하여 새긴 우상을 만들지 말고 또 위로 하늘에 있는 것이나 아래로 땅에 있는 것이나 땅 아래 물 속에 있는 것의 어떤 형상도 만들지 말며 그것들에게 절하지 말며 그것들을 섬기지 말라.
3. 너는 네 하나님 여호와의 이름을 망령되게 부르지 말라.
4. 안식일을 기억하여 거룩하게 지키라.
5. 네 부모를 공경하라.
6. 살인하지 말라.
7. 간음하지 말라.
8. 도둑질하지 말라.
9. 네 이웃에 대하여 거짓 증거하지 말라.
10. 네 이웃의 집을 탐내지 말라.

-출애굽기 20장 3-17

11월 26일 … 진리가 자유케 하리라

진리를 알지니 진리가 너희를 자유롭게 하리라.

-요한복음 8장 32

11월 27일 … 지혜로 장성하라

형제들아 지혜에는 아이가 되지 말고 악에는 어린아이가 되라. 지혜에는 장성한 사람이 되라.

-고린도전서 14장 20

11월 28일 … 하나님의 긍휼

너희는 귀를 기울이고 내게로 나아와 들으라. 그리하면 너희의 영혼이 살리라. 내가 너희를 위하여 영원한 언약을 맺으리니 곧 다윗에게 허락한 확실한 은혜이니라.

-이사야 55장 3

11월 29일 … 십일조

만군의 여호와가 이르노라. 너희의 온전한 십일조를 창고에 들여 나의 집에 양식이 있게 하고, 그것으로 나를 시험하여 내가 하늘 문을 열고 너희에게 복을 쌓을 곳이 없도록 붓지 아니하나 보라.

-말라기 3장 10

The Descent from the Cross(Rogier van der Weyden)

11월 30일 … 믿는 자에게는 불가능이 없다

내가 진실로 진실로 너희에게 이르노니 나를 믿는 자는 내가 하는 일을 그도 할 것이요 또한 그보다 큰 일도 하리니 이는 내가 아버지께로 감이라.

–요한복음 14장 12

12월 1일 … 몸과 지체

너희는 그리스도의 몸이요 지체의 각 부분이라.

-고린도전서 12장 27

12월 2일 … 용서는 주님의 강함

너희가 무슨 일에든지 누구를 용서하면 나도 그리하고 내가 만일 용서한 일이 있으면 용서한 그것은 너희를 위하여 그리스도 앞에서 한 것이니 이는 우리로 사탄에게 속지 않게 하려 함이라. 우리는 그 계책을 알지 못하는 바가 아니로라.

-고린도후서 2장 10-11

12월 3일 … 장막이 어찌 사랑스러운지요

주의 궁정에서의 한 날이 다른 곳에서의 천 날보다 나은즉 악인의 장막에 사는 것보다 내 하나님의 성전 문지기로 있는 것이 좋사오니.

-시편 84편 10

12월 4일 … 자기 몸을 깨끗이

자기의 몸을 구별하여 여호와께 드리는 모든 날 동안은 시체를 가까이 하지 말 것이요. 그의 부모 형제 자매가 죽은 때에라도 그로 말미암아 몸을 더럽히지 말 것이니 이는 자기의 몸을 구별하여 하나님께 드리는 표가 그의 머리에 있음이라. 자기의 몸을 구별하는 모든 날 동안 그는 여호와께 거룩한 자니라.

-민수기 6장 6-8

12월 5일 … 내 영혼을 지켜주소서

내가 여호와께 아뢰되 주는 나의 주님이시오니 주 밖에는 나의 복이 없다 하였나이다.

-시편 16편 2

12월 6일 … 하나님을 기쁘시게 하는 생활

그러므로 형제들아 우리가 끝으로 주 예수 안에서 너희에게 구하고 권면하노니, 너희가 마땅히 어떻게 행하며 하나님을 기쁘시게 할 수 있는지를 우리에게 배웠으니 곧 너희가 행하는 바라 더욱 많이 힘쓰라. 우리가 주 예수로 말미암아 너희에게 무슨 명령으로 준 것을 너희가 아느니라. 하나님의 뜻은 이것이니 너희의 거룩함이라 곧 음란을 버리고, 각각 거룩함과 존귀함으로 자기의 아내 대할 줄을 알고. 하나님을 모르는 이방인과 같이 색욕을 따르지 말고.

-데살로니가전서 4장 1-5

12월 7일 … 축복의 근원

여호와는 네게 복을 주시고 너를 지키시기를 원하며, 여호와는 그의 얼굴을 네게 비추사 은혜 베푸시기를 원하며, 여호와는 그 얼굴을 네게로 향하여 드사 평강 주시기를 원하노라 할지니라 하라.

–민수기 6장 24–26

12월 8일 … 속죄함 받은 후

만일 우리가 우리 죄를 자백하면 그는 미쁘시고 의로우사 우리 죄를 사하시며 우리를 모든 불의에서 깨끗하게 하실 것이요.

–요한1서 1장 9

12월 9일 … 선을 이루고 덕을 세우라

평강의 하나님께서 너희 모든 사람과 함께 계실지어다.

–로마서 15장 33

12월 10일 … 눈물을 흘리며 씨를 뿌리는 자는 기쁨으로

여호와께서 시온의 포로를 돌려 보내실 때에 우리는 꿈꾸는 것 같았도다. 그 때에 우리 입에는 웃음이 가득하고 우리 혀에는 찬양이 찼었도다. 그 때에 뭇 나라 가운데에서 말하기를 여호와께서 그들을 위하여 큰 일을 행하셨다 하였도다. 여호와께서 우리를 위하여 큰 일을 행하셨으니 우리는 기쁘도다. 여호와여 우리의 포로를 남방 시내들 같이 돌려보내소서. 눈물을 흘리며 씨를 뿌리는 자는 기쁨으로 거두리로다. 울며 씨를 뿌리러 나가는 자는 반드시 기쁨으로 그 곡식 단을 가지고 돌아오리로다.

–시편 126편 1–6

12월 11일 … 풍족한 복을 주시다

여호와께서 주시는 복은 사람을 부하게 하고 근심을 겸하여 주지 아니하시느니라.

–잠언 10장 22

12월 12일 … 쉐마(들으라)

이스라엘아 들으라. 우리 하나님 여호와는 오직 유일한 여호와이시니, 너는 마음을 다하고 뜻을 다하고 힘을 다하여 여호와를 사랑하라.

–신명기 6장 4-5

12월 13일 … 날 부르소서

여호와께서 임하여 서서 전과 같이 사무엘아 사무엘아 부르시는지라 사무엘이 이르되 말씀하옵소서 주의 종이 듣겠나이다 하니.

–사무엘상 3장 10

12월 14일 … 여호와께서 이스라엘과 변론하시다

너희는 여호와의 말씀을 들을지어다. 너는 일어나서 산을 향하여 변론하여 작은 산들이 네 목소리를 듣게 하라 하셨나니. 너희 산들과 땅의 견고한 지대들아, 너희는 여호와의 변론을 들으라. 여호와께서 자기 백성과 변론하시며 이스라엘과 변론하실 것이라 이르시기를 내 백성아 내가 무엇을 네게 행하였으며 무슨 일로 너를 괴롭게 하였느냐, 너는 내게 증언하라. 내가 너를 애굽 땅에서 인도해 내어 종 노릇 하는 집에서 속량하였고 모세와 아론과 미리암을 네 앞에 보냈느니라. 내 백성아 너는 모압 왕 발락이 꾀한 것과 브올의 아들 발람이 그에게 대답한 것을 기억하며 싯딤에서부터 길갈까지의 일을 기억하라, 그리하면 나 여호와가 공의롭게 행한 일을 알리라 하실 것이니라.

–미가 6장 1–5

12월 15일 … 번제보다 마음의 중심을 보시다

내가 무엇을 가지고 여호와 앞에 나아가며 높으신 하나님께 경배할까 내가 번제물로 일 년 된 송아지를 가지고 그 앞에 나아갈까. 여호와께서 천천의 숫양이나 만만의 강물 같은 기름을 기뻐하실까 내 허물을 위하여 내 맏아들을, 내 영혼의 죄로 말미암아 내 몸의 열매를 드릴까.

–미가 6장 6–7

Sistine Madonna(Raphael)

12월 16일 … 영생에 이르는 긍휼

사랑하는 자들아 너희는 너희의 지극히 거룩한 믿음 위에 자신을 세우며 성령으로 기도하며, 하나님의 사랑 안에서 자신을 지키며 영생에 이르도록 우리 주 예수 그리스도의 긍휼을 기다리라.

-유다서 1장 20-21

12월 17일 … 기다리시는 주님

볼지어다. 내가 문밖에 서서 두드리노니, 누구든지 내 음성을 듣고 문을 열면 내가 그에게로 들어가 그와 더불어 먹고 그는 나와 더불어 먹으리라.

–요한계시록 3장 20

12월 18일 … 태산을 넘어 험곡에 가도

그가 빛 가운데 계신 것 같이 우리도 빛 가운데 행하면 우리가 서로 사귐이 있고, 그 아들 예수의 피가 우리를 모든 죄에서 깨끗하게 하실 것이요.

–요한1서 1장 7

12월 19일 … 늘 너와 함께

나를 미워하는 자는 또 내 아버지를 미워하느니라. 내가 아무도 못한 일을 그들 중에서 하지 아니하였더라면 그들에게 죄가 없었으려니와 지금은 그들이 나와 내 아버지를 보았고 또 미워하였도다. 그러나 이는 그들의 율법에 기록된 바 그들이 이유 없이 나를 미워하였다 한 말을 응하게 하려 함이라. 내가 아버지께로부터 너희에게 보낼 보혜사 곧 아버지께로부터 나오시는 진리의 성령이 오실 때에 그가 나를 증언하실 것이요.너희도 처음부터 나와 함께 있었으므로 증언하느니라.

-요한복음 15장 23-27

12월 20일 … 환난날에 용서하소서

우리 하나님이여, 광대하시고 능하시고 두려우시며 언약과 인자하심을 지키시는 하나님이여, 우리와 우리 왕들과 방백들과 제사장들과 선지자들과 조상들과 주의 모든 백성이 앗수르 왕들의 때로부터, 오늘까지 당한 모든 환난을 이제 작게 여기지 마옵소서. 그러나 우리가 당한 모든 일에 주는 공의로우시니 우리는 악을 행하였사오나 주께서는 진실하게 행하셨음이니이다.

-느헤미야 9장 32-33

12월 21일 … 값없이 의롭다 받은 은혜

의인은 없나니 하나도 없으며 깨닫는 자도 없고 하나님을 찾는 자도 없고.

–로마서 3장 10-11

12월 22일 … 불의로 재판하지 말라

너희는 재판할 때에 불의를 행하지 말며, 가난한 자의 편을 들지 말며 세력 있는 자라고 두둔하지 말고 공의로 사람을 재판할지며.

–레위기 19장 15

12월 23일 … 물 위에 생명줄

주께서 이르시되 내가 누구를 보내며 누가 우리를 위하여 갈꼬 하시니, 그 때에 내가 이르되 내가 여기 있나이다 나를 보내소서 하였더니.
-이사야 6장 8

12월 24일 … 보배로운 존재

믿는 너희에게는 보배이나 믿지 아니하는 자에게는 건축자들이 버린 그 돌이 모퉁이의 머릿돌이 되고, 또한 부딪치는 돌과 걸려 넘어지게 하는 바위가 되었다 하였느니라.
-베드로전서 2장 7-8

Adoration of the Shepherds(Georges de La Tour)

12월 25일 … 예수 탄생

오늘 다윗의 동네에 너희를 위하여 구주가 나셨으니 곧 그리스도 주시니라.

-누가복음 2장 11

12월 26일 … 정의와 공의가 마르지 않게

오직 정의를 물 같이 공의를 마르지 않는 강 같이 흐르게 할지어다.

-아모스 5장 24

12월 27일 … 자비와 긍휼을 베푸소서

보라 인내하는 자를 우리가 복되다 하나니 너희가 욥의 인내를 들었고, 주께서 주신 결말을 보았거니와 주는 가장 자비하시고 긍휼히 여기시는 이시니라.

-야고보서 5장 11

12월 28일 … 어디든지 너와 함께 하니라

내가 네게 명령한 것이 아니냐, 강하고 담대하라. 두려워하지 말며 놀라지 말라. 네가 어디로 가든지 네 하나님 여호와가 너와 함께 하느니라 하시니라.

–여호수아 1장 9

12월 29일 … 장성한 분량

우리가 다 하나님의 아들을 믿는 것과 아는 일에 하나가 되어 온전한 사람을 이루어 그리스도의 장성한 분량이 충만한 데까지 이르리니. 이는 우리가 이제부터 어린 아이가 되지 아니하여 사람의 속임수와 간사한 유혹에 빠져 온갖 교훈의 풍조에 밀려 요동하지 않게 하려 함이라. 오직 사랑 안에서 참된 것을 하여 범사에 그에게까지 자랄지라 그는 머리니 곧 그리스도라. 그에게서 온 몸이 각 마디를 통하여 도움을 받음으로 연결되고 결합되어, 각 지체의 분량대로 역사하여 그 몸을 자라게 하며 사랑 안에서 스스로 세우느니라.

–에베소서 4장 13–16

12월 30일 … 주 예수여 오시옵소서

보라 내가 속히 오리니 내가 줄 상이 내게 있어 각 사람에게 그가 행한 대로 갚아 주리라. 나는 알파와 오메가요 처음과 마지막이요 시작과 마침이라. 자기 두루마기를 빠는 자들은 복이 있으니 이는 그들이 생명나무에 나아가며 문들을 통하여 성에 들어갈 권세를 받으려 함이로다. 개들과 점술가들과 음행하는 자들과 살인자들과 우상 숭배자들과 및 거짓말을 좋아하며 지어내는 자는 다 성 밖에 있으리라. 나 예수는 교회들을 위하여 내 사자를 보내어 이것들을 너희에게 증언하게 하였노라. 나는 다윗의 뿌리요 자손이니 곧 광명한 새벽 별이라 하시더라.

–요한계시록 22장 12–16

12월 31일 … 온 천하 만물 우러러 감사

할렐루야 그의 성소에서 하나님을 찬양하며 그의 권능의 궁창에서 그를 찬양할지어다. 그의 능하신 행동을 찬양하며 그의 지극히 위대하심을 따라 찬양할지어다. 나팔 소리로 찬양하며 비파와 수금으로 찬양할지어다. 소고 치며 춤 추어 찬양하며 현악과 퉁소로 찬양할지어다. 큰 소리 나는 제금으로 찬양하며 높은 소리 나는 제금으로 찬양할지어다. 호흡이 있는 자마다 여호와를 찬양할지어다.

–시편 150편 1–6